VIE

DE

SAINT STANISLAS KOSTKA

TOME SECOND

IMPRIMERIE ROUILLÉ-LADEVÈZE

VIE

DE

SAINT STANISLAS KOSTKA

PAR

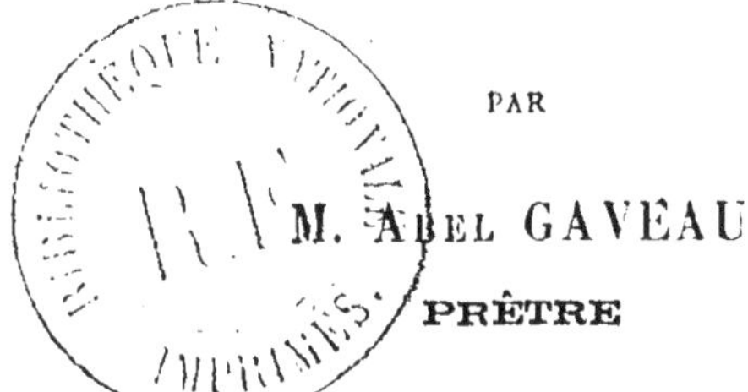

M. ABEL GAVEAU

PRÊTRE

TOME SECOND

TOURS
GATTIER, LIBRAIRE-ÉDITEUR
1884

VIE

DE

SAINT STANISLAS KOSTKA

CHAPITRE PREMIER

Comment on s'empressa d'écrire la vie de saint Stanislas, et comment la renommée de l'angélique jeune homme se répandit bientôt dans le monde entier.

Stanislas avait vécu peu d'années, et sa courte existence s'était passée tout entière dans le secret. Mais Dieu se trouvait mêlé à cette vie ; il avait voulu entretenir des rapports intimes avec l'angélique enfant ; c'était sans doute plus qu'il ne fallait pour donner à sa vie simple et modeste un grand lustre et une beauté exceptionnelle. Elle était digne d'être écrite.

Le Père Jules Fazi se chargea de ce soin pieux.

Il tenait du saint lui-même une foule de détails précieux, et n'avait, pour ainsi dire, qu'à écrire sous sa dictée. Les neuf derniers mois de la vie de Stanislas s'étaient écoulés sous ses yeux ; il pouvait ainsi facilement raconter ce qu'il avait vu; et, afin que rien ne lui manquât pour donner à la vie du saint ce charme particulier dont le secret n'appartient qu'à ceux qui ont connu l'intérieur de leur héros, le Père Jules Fazi connaissait intimement le fond du cœur de Stanislas. Son regard attendri avait souvent pénétré dans cette âme angélique, et avait pu saisir avec netteté le caractère céleste de cette sainteté si douce et si attrayante. Le Père Jules Fazi ne crut pas pouvoir mieux rendre la beauté singulière de cette vie, qu'en donnant un récit simple, grave et touchant des prodiges dont elle était remplie. Il écrivit son livre en langue italienne.

Mais Stanislas était né en Pologne: son histoire devait surtout intéresser le pays où il avait reçu le jour. Le Père Warscewiski le comprit, et voulut qu'on pût lire en langue polonaise le récit des beaux miracles dont le Seigneur avait favorisé l'heureux enfant de la noble nation. Il écrivit sous l'inspiration des confidences qu'il avait reçues de Stanislas, son ami de noviciat. Ame grande aussi, simple en même temps qu'élevée et pure, Warscewiski était admirablement fait pour comprendre la beauté supérieure de cette nature toute céleste; et, sans doute, le Seigneur avait voulu que les liens de la plus douce intimité existassent entre eux, afin de donner à Stanislas un historien capable de retracer avec délicatesse et vérité tout ce qu'il y avait d'admirable dans cette prodigieuse vie. Il était inutile de chercher à décorer par le style une histoire que Dieu rendait lui-même illustre. Warscewiski voulut que son récit fût simple comme celui du Père Fazi. Et, ainsi dans les deux livres, écrits en langues différentes, par des hommes d'un mérite incontestable et d'une grande autorité, on trouva le charme imposant de la vérité appaatraissant sous une forme à la fois grave et trayante.

Tandis que le récit des deux Pères allait porter l'émotion dans les âmes, et attirait à Stanislas le plus tendre amour, les artistes étaient en admiration devant l'image du saint jeune homme. Jamais, dans leurs poétiques conceptions, ils n'avaient rêvé une figure si gracieuse, ni des circonstances qui prêtassent davantage à l'inspiration. Chacun des traits de sa vie leur semblait digne de leur pinceau ou de leur ciseau. Ils se mirent donc à l'œuvre; et bientôt toute la vie de saint Stanislas apparut en sculpture. Le marbre ou la pierre, on peut bien le dire, pouvaient difficilement revêtir des formes plus pures et respirer avec plus de grâce et de douceur. On vit en même temps resplendir sur la toile les prodiges touchants de cette existence privilégiée.

Racontée par la peinture, la sculpture, les livres, la vie de Stanislas arriva en très peu de temps à la connaissauce de l'Italie, de la Pologne et de la France; et aussitôt, on put remarquer la secrète sympathie qu'éprouvèrent les cœurs catholiques pour un saint enfant qui avait montré tant de courage, et qui avait rendu la vertu si aimable par son âge, son caractère, sa candeur, son innocence.

L'angélique Stanislas commença dès lors à exercer sur les âmes une sorte de prestige sacré, et il ne fut guère possible de lire sa vie ou de contempler son image, sans se trouver tout à coup sous un charme indicible, et sans ressentir je ne sais quelle vive émotion mêlée d'un tendre regret, à la pensée du bonheur qu'on a perdu en n'aimant pas Dieu comme saint Stanislas, et en n'étant pas pur comme lui.

A la fin de l'année 1568, quatre mois seulement après la mort de Stanislas, on connaissait ainsi tous les prodiges que Dieu avait daigné faire en sa faveur. Le secrétaire du général de la Compagnie de Jésus, Jean Polanque, se crut dispensé à cause de cela de raconter les choses édifiantes de sa vie aux différentes maisons de l'Ordre, comme cela se pratique toujours dans la lettre qu'il a coutume d'envoyer à la Société à la fin de chaque année. Il se contenta d'insérer ces quelques mots: « J'aurais beaucoup de choses à écrire sur un Polonais nommé Stanislas, jeune homme encore plus illustre par la beauté de son âme que par la noblesse de son origine. Comme sa vie a été un modèle de vertu, sa mort a été un grand sujet d'édification. Mais je m'abstiens d'en parler, parce que l'on a déjà écrit sur ce sujet. »

Un an et demi après, Grégoire Samboritain, docteur et maître de philosophie dans l'Université de Cracovie, fit imprimer [1] une nouvelle histoire de saint Stanislas. Dans cet ouvrage revêtu de tous les ornements de la poésie, les merveilles de la vie du saint jeune homme sont reproduites en vers latins. Dédié à l'archevêque de Léopol, Stanislas Homonski, le livre ne contient que la pure vérité historique décorée avec élégance.

En lisant ces différentes biographies, surtout celle de Warscewiski, on est frappé d'un regret qui perce à travers leurs pages : le regret que le main de Dieu ait cueilli sitôt l'angélique enfant.

« Les Polonais, dit le Père Bartoli,, partagèrent le sentiment de Warscewiski. Avec cet homme illustre, ils crurent voir, à la mort de Stanislas, tomber à terre une colonne sur laquelle reposaient les plus grandes espérances de la Pologne et de la Compagnie de Jésus. Il eût, en vivant da-

[1] Imprimé à Cracovie, en avril 1570.

vantage, couvert de gloire et comblé de bienfaits sa patrie; il eût donné à la Compagnie de hauts exemples de sainteté. Sans doute, la jeunesse, tant dans la carrière des études que dans celle de la perfection religieuse, trouverait en Stanislas un nouveau et très aimable exemple de toutes les plus belles vertus; mais les avantages que l'Italie tirerait de sa mort prématurée, ne pouvaient entrer en comparaison avec le bien qu'il eût fait à la Pologne si son existence eût été prolongée. »

Mais Stanislas, en quittant ce monde, n'avait términé qu'une partie de sa mission; l'autre partie lui restait à remplir au ciel; et il se rendait auprès de Dieu dans ce but. Les siècles allaient ressentir les effets de son action bienfaisante; et ainsi sa vie sur la terre ne devait être que la préface de sa vie dans les cieux. C'est ce que ses contemporains ne pouvaient voir. Nous allons comprendre que cette histoire de saint Stanislas, qu'on crut clause à sa mort, ne faisait alors que de s'ouvrir.

CHAPITRE II

Comment saint Stanislas, arrivé au ciel, prie pour sa mère, convertit Paul son frère; enfin, comment il apparaît à Bilinski mourant.

Stanislas emporta au ciel le souvenir de son frère chéri et de sa mère bien-aimée. Arrivé auprès de Dieu, il s'occupa d'eux tout d'abord avec une bonté de cœur qui touche profondément. On aime à voir le jeune saint réserver à ceux qui lui étaient unis si intimement par les liens du sang les prémices de la puissance que le Seigneur va lui donner.

A la mort de son fils Stanislas, Marguerite Kostka sentit naître tout à coup, au fond de son âme, un grand amour pour Dieu. Elle n'avait jamais rien éprouvé d'aussi consolant. Elle était pieuse, cependant, et entièrement dévouée au Seigneur depuis le moment où, portant dans son sein cet enfant de bénédiction, elle avait tressailli d'une allégresse toute céleste. Mais la grâce se montrait plus que jamais puissante en elle. Marguerite se trouvait toute changée ; et cet amour de Dieu, le seul vrai bien qu'il y ait au monde, parce qu'il tient lieu de tout, lui donnait une paix d'une indicible douceur. Elle comprit sans peine que son cher enfant, dans sa tendresse pour elle, lui avait envoyé du ciel ce qu'il avait trouvé de meilleur dans le cœur de Dieu. Elle s'appliqua de tout son pouvoir à conserver précieusement ce don sacré qui lui venait d'une main si chère, et qui, en lui faisant attendre paisiblement le ciel, remplissait sa vie d'une joie vraiment divine.

Humblement soumise aux directeurs de son âme, le Père Pierre Fabricius, autrefois provincial en Pologne, et le Père Jean Ponnecci, ancien recteur du collège de Jaroslaw, elle leur obéissait comme à Dieu et s'appliquait à mortifier sa propre volonté en n'agissant jamais que d'après leurs ordres. Elle aima les choses qu'aiment les saints: la mortification, la prière, les pauvres. Son respect pour Dieu devint peu à peu si grand que, quand elle était retirée dans son oratoire pour s'entretenir avec lui, elle ne souffrait pas que ses filles de service vinssent l'interrompre, pour quelque motif que ce fût. La pieuse dame eût cru manquer à la Majesté divine, en prêtant l'oreille un seul instant aux choses de la terre, quand le Seigneur daignait l'admettre en sa présence.

Tous les historiens assurent que, vivant surtout de prières, elle goûtait peu à ce qu'on lui servait au repas ; mais qu'elle avait alors, en revanche, son esprit attentif à Dieu ou à la lecture qu'on avait coutume de lui faire. On la vit, jusqu'à la fin de sa vie, se rendre chaque jour de Kostkow à Prasniz, afin d'entendre la messe dans la chapelle qu'elle avait fait bâtir pour recevoir les dépouilles mortelles de son mari et de son fils Albert. Elle trouvait sa consolation à prier là pour le repos de ces deux âmes, si chères à son amour. Le souvenir de l'autre enfant qu'elle avait perdu à Rome, et qui était un grand saint, adoucissait les larmes qu'elle versait sur ce tombeau ; et ainsi dans le cœur de cette mère qui voyait son fils sur les autels, l'allégresse la plus pure se confondait merveilleusement avec les plus douloureux regrets.

On assure que Stanislas ne se contenta pas d'obtenir pour sa mère les faveurs dont nous avons parlé. Il l'assista avec empressement toutes les fois qu'elle eut besoin de son aide, se montrant toujours pour elle, comme sur la terre, le plus affectionné des fils. Il voulut que, dans son souvenir, la pieuse mère trouvât toujours comme un avant-goût des joies du paradis, et jamais il ne la vit dans la peine sans la consoler. Quand elle fut sur le point de mourir, il vint réjouir ses derniers moments, et prouva, de la sorte, que la piété filiale est une aimable vertu, à laquelle les cieux donnent un abri, et qui fleurit magnifiquement près de Dieu, pour se répandre sur la terre en consolations ineffables et en attentions d'une surprenante délicatesse.

Paul Kostka ne paraissait pas devoir être aussi accessible à la grâce divine que sa sainte mère.

Quoi de plus efficace pour le ramener à Dieu que la vue des vertus de son frère ? Mais il n'avait su que maltraiter, durant sa vie, cet ange de douceur, et tout ce que le Seigneur avait mis d'amabilité et d'exquise bonté en lui n'avait fait que l'irriter. Stanislas avait souvent, avec une mansuétude touchante, supplié Dieu de changer le cœur de Paul ; sa prière, on se le rappelle, était accompagnée de beaucoup de larmes, quand il la faisait sous les coups de ce frère inhumain. Mais le Seigneur en n'exauçant qu'au ciel l'héroïque enfant, voulait peut-être montrer que là on est encore plus utile aux siens que sur la terre.

En effet, à peine Stanislas avait-il rendu le dernier soupir, que Paul Kostka ressentait un trouble indéfinissable ; c'était le premier signe d'amour fraternel que l'angélique jeune homme lui envoyait du ciel. Justement Paul se rendait à Rome avec l'intention de ramener Stanislas en Pologne.

Avant d'arriver il apprit sa mort. A ce coup, le trouble involontaire auquel il avait été en proie, et qu'il ne pouvait s'expliquer, se changea en une véritable désolation. Il se mit à pleurer, et ses yeux voilés jusqu'alors, virent à travers les larmes, pour la première fois, tout ce que Dieu avait accordé d'incomparables faveurs à son saint frère. En même temps, le souvenir de ce qu'il avait fait à Stanislas le couvrit tout à coup de honte et de remords.

Quand il aperçut à Rome le portrait de ce frère chéri, il pleura encore. Il s'étonna que cette figure qui respirait une angélique bonté, n'eût jamais pu adoucir les sentiments d'animosité dont son cœur était rempli à l'égard de Stanislas. L'image, il le voyait, était loin de rendre la vivacité et la grâce exquise de cet enfant. Elle avait néanmoins ce qu'il fallait pour reprocher avec une éloquence irrésistible à Paul de s'être fait à lui-même de cet ange un objet de haine implacable. Paul ne comprenait pas comment il avait été aveuglé de la sorte, et ne pouvant se supporter lui-même, il tombait souvent dans un abattement voisin du désespoir.

La lecture de la vie de son frère acheva de le désoler. Mieux que personne, il connaissait la vérité des choses qui étaient racontées par le Père Warscewiski, concernant les mauvais traitements dont il s'était rendu coupable à l'égard de son frère ; et c'est cette poignante vérité que le Père, par condescendance pour lui, avait adoucie et souvent voilée, qui faisait couler ses larmes. Rien, au reste, jusqu'au dernier soupir, ne put le consoler. Sa douleur, il est vrai, sous l'influence de la grâce, perdit de son amertume, mais il eut toujours des larmes dans les yeux et dans le cœur pour pleurer cette faute qui devint la grande peine de sa vie.

Un jour, Paul se trouvait avec Bilinski et deux religieux de la Compagnie de Jésus [1]. Bilinski parlait des vertus de Stanislas. « La manière de vivre du seigneur Paul et la mienne, disait-il, était aussi éloignée de celle de Stanislas que la terre l'est du ciel. Aussi le saint jeune homme eut-il à souffrir de la part du seigneur Paul une cruelle persécution, sans entendre jamais une bonne parole de sa bouche. Et cependant, nous savions évidemment que tout ce que ce vertueux enfant disait, tout ce qu'il faisait respirait dévotion et

[1] Le Père André Kianski ; l'histoire n'a pas conservé le nom de l'autre Père.

sainteté. » A ces mots Bilinski se trouva tout à coup interrompu par les sanglots de Paul, dont la vive douleur attendrit les deux Pères, qui se mirent aussi à pleurer.

C'est ainsi que Paul éclatait en gémissements, toutes les fois qu'on parlait devant lui de son bienheureux frère. Il était difficile d'obtenir de lui de longs renseignements sur la vie de Stanislas; son cœur se serrait aussitôt, et l'émotion lui ôtait la parole. Aussi, la plupart du temps, aux informations juridiques, il ne répondait que par ces mots: « Mes Pères, pourquoi oubliez-vous les autres saints? » Et, levant au ciel ses yeux d'où coulaient de grosses larmes, il s'écriait: « Que le bienheureux prie pour nous! »

On fut obligé de lui représenter que son silence était préjudiciable à la gloire de Stanislas. Cette pensée le décida à faire violence à sa douleur, et il répondait à la fin aux questions qui lui étaient adressées; mais on le voyait toujours, à chaque instant, se troubler et pleurer amèrement. Et cependant les plus douces consolations auraient dû rendre la joie à Paul. Il entendait partout bénir le nom de son frère ; les honneurs réservés aux saints allaient lui être accordés. Tout le monde enviait son bonheur. On le montrait au doigt avec respect quand il passait, et on disait : « Voilà le frère de saint Stanislas. » Tout cela ne le consolait pas ; au contraire, quand il s'entendait féliciter, il pensait qu'il n'avait d'autre part dans la gloire de son frère que celle qu'ont les bourreaux dans le triomphe des martyrs. Et il se prenait à pleurer.

Revenu ainsi de Rome, tout changé par un effet de la grâce que les prières de son saint frère au ciel lui avaient obtenue, Paul Kostka résolut de passer le reste de sa vie dans la pénitence et dans la prière. Plusieurs fois, des partis avantageux se présentèrent, et de nobles alliances lui furent offertes. Mais quand le mariage allait se conclure, quelque chose aussitôt survenait qui anéantissait les négociations entreprises. Paul Kostka vit, par là, que Dieu le voulait tout à fait à son service, et il en conçut une vive joie.

Dès lors, il se livra entièrement à la prière. Quand, après deux ou trois heures passées à genoux, dans l'oraison, il se levait, consolé par Dieu, il se prenait à penser aux tourments qu'il avait fait endurer à Stanislas priant dans la maison de l'hérétique Kimberker. A ce souvenir, il se mettait à genoux de nouveau et s'écriait en sanglotant : « Oh! mon saint frère, pardonnez-moi ; je voulais vous troubler quand vous étiez avec Dieu, mais je ne savais pas... »

Durant l'heure d'oraison qu'il faisait chaque nuit, ce souvenir l'émotionnait davantage. Il prenait alors la discipline et se faisait de cruelles plaies, afin d'expier sa méchanceté envers son frère. Souvent, après cette flagellation sanglante, Paul se remettait en prière, et il arrivait alors que la douceur de la conversation divine le retenait jusqu'au matin.

Une nuit, il effraya grandement un enfant qui couchait, à son insu, dans la même chambre que lui. Paul voyageait alors, et se trouvait dans une hôtellerie. L'enfant du maître de la maison avait son lit caché dans la pièce qu'on lui donna pour passer la nuit. Pensant être seul, Paul fit ses exercices ordinaires. En s'administrant la discipline, il pleurait et sanglottait. L'enfant, surpris, prêtait l'oreille : « Mon saint frère! mon saint frère! » s'écriait Paul ; et les sanglots étouffaient sa voix. Et il reprennait: « Priez pour moi, pécheur, et pardonnez à celui qui vous persécuta et vous frappa tant de fois! » Cet enfant s'imagina que Paul Kostka avait tué son frère, et qu'il faisait ainsi pénitence d'un tel crime. Le lendemain matin, il raconta la chose à son père, et interrogea les domestiques de Paul pour savoir ce que cela signifiait. L'enfant fut ravi d'admiration en apprenant que Paul était le frère d'un saint, qui était mort à Rome et qui faisait des miracles.

Paul Kostka, dans la prière et dans la méditation de la Passion de Notre-Seigneur Jésus-Christ, puisait une tendre charité pour les pauvres et pour tous ceux qui souffraient. Afin d'être mieux à portée de rendre toutes sortes de bons offices à notre Sauveur dans la personne des pauvres et des malades, il fit bâtir un hôpital à Prasniz. Rien ne le consolait comme d'être au milieu de tous ces affligés. Il leur lavait les pieds, les servait à table, et les entourait de soins délicats. On voyait au respect dont il était penétré en les assistant, qu'il entendait rendre tous ces pieux devoirs à son Dieu.

Paul Kostka aimait encore à montrer sa munificence envers les prêtres et les ordres religieux, qui tiennent également à Dieu par des liens très intimes. Entre tous, les religieux de la Compagnie de Jésus étaient naturellement l'objet de sa prédilection. Ce saint homme avait entendu parler du désir que les Pères avaient de posséder une maison de campagne, à quelque distance de la ville, où les professeurs du collège de Pultovie pourraient, de temps en temps, venir réparer leurs forces épuisées par le travail si pénible de l'éducation. Il leur offrit dans ce but un riche domaine, le seul qui lui restât. La Compagnie n'accepta qu'à la condition qu'elle lui payerait au moins 6,000 florins : c'était à peu près la moitié du prix de la propriété. Paul dut se résigner à restreindre ainsi ses libéralités envers les Pères ; mais il se dédommagea en les suppliant de prendre au moins 1,500 florins, pour subvenir à l'entretien des écoliers peu fortunés qui fréquentaient leurs classes. Ajoutons qu'il avait auparavant consacré une somme considérable à faire bâtir, dans Prasniz, un couvent et une église pour les Frères mineurs observantins de Saint-François. Dans une chapelle attenante à la principale église de cette ville, il s'était fait préparer un tombeau. Par une pieuse munificence, il dota richement cette chapelle, construite à ses frais, et doubla les rentes de l'église.

Paul Kostka s'était donc dépouillé de tout. Obligé, cependant, d'accorder quelque chose aux exigences du monde qui ne soupçonne pas l'ineffable grandeur d'un homme qui veut imiter son Dieu, pauvre sur la terre, il avait des appartements où éclatait toute la magnificence exigée par son rang. Son lit était somptueux et couvert de riches draperies. Mais ces vanités ne servaient qu'à sauver les dehors aux yeux des seigneurs qui venaient le visiter. Il avait une chambre secrète ou plutôt un misérable réduit, où il aimait à se retirer, soit pour prier, soit pour se livrer au repos. Sa couche était la terre nue ; quand la fatigue l'obligeait à prendre quelque adoucissement, il étendait un tapis par terre et dormait dessus.

Paul était fidèle à une pratique de dévotion qui attendrit bien souvent ceux qui en furent les témoins. Chaque jour à la même heure, on le trouvait dans l'église de Prasniz. Là, prosterné devant l'autel où était placée l'image de son saint frère, il répandait beaucoup de larmes. C'était pour lui une consolation que de laisser aller en ce lieu son cœur aux souvenirs qui se rattachaient à Stanislas; et la peine qu'il éprouvait toujours de l'avoir méconnu, venait alors se mêler à une tendre reconnaissance. Il savait bien que Stanislas avait oublié ses outrages, et que, toujours enclin à la mansuétude, le cœur de cet angélique serviteur de Dieu n'avait su se venger qu'en lui envoyant les faveurs du Ciel les plus choisies. Ainsi Paul priant tous les jours devant l'autel de son frère, laissait lire sur son visage, dans ses larmes, dans son attitude suppliante les plus beaux sentiments de regret et de gratitude; et ce spectacle admirable d'un frère à genoux et si vivement impressionné devant l'autel que l'Église a dressé à son frère, touchait profondément ceux auxquels il était donné de le voir. Un seigneur polonais, présent un jour à l'église au moment où Paul Kostka était ainsi absorbé dans sa prière, déclara en avoir été grandement pénétré de dévotion.

Paul Kostka visitait aussi tous les jours le saint Sacrement, mais avec une piété plus sensible encore. La dévotion de Stanislas envers la divine Eucharistie semblait revivre en lui. Cet attrait plein de douceur pour le plus auguste des sacrements, est un des dons qu'au ciel le généreux enfant sembla avoir le plus à cœur de faire à son frère. Aussi le voyait-on la plupart du temps immobile, comme anéanti, baigné dans ses larmes devant le tabernacle. Il assistait avec une foi si vive au saint sacrifice de la messe, qu'on eût dit qu'il voyait de ses yeux la divine Victime immolée, avec ses plaies et son sang répandu par amour pour nous. Comme son saint frère, il aimait à entendre un grand nombre de messes, et s'estimait très honoré quand il pouvait servir le prêtre à l'autel.

En voyage, s'il rencontrait quelque village sur

sa route, il s'arrêtait pour aller à l'église adorer le saint Sacrement. Comme il éprouvait toujours une joie indicible à la vue du saint ciboire, il priait alors humblement le prêtre qui avait la garde du sanctuaire, de vouloir bien lui ouvrir la porte du tabernacle. Le prêtre ne croyait pas pouvoir refuser cette consolation à la piété du noble seigneur, qui, à la vue du vase sacré où repose l'Agneau divin, se jetait à genoux avec une tendre affection et répandait des pleurs d'amour.

Pour se donner ainsi à Dieu et à la piété, le frère de Stanislas avait dû se mettre au-dessus des critiques du monde. Ses amis, dans le commencement, n'avaient pas manqué de le blâmer. Cette vie austère surtout avait été l'objet de leurs plus amères censures. Mais Paul se réjouissait, regardant leurs moqueries comme une grâce. Ainsi, il ne pouvait recevoir quelque outrage sans éprouver un vif bonheur; le souvenir de la patience et de la douceur angélique de Stanislas lui revenait alors à l'esprit et l'attendrissait, et il se trouvait tout heureux que Dieu, en lui donnant un moyen d'exercer sa vertu, lui offrît en même temps l'occasion d'expier les mauvais traitements dont il avait si souvent usé envers son frère. Sans chercher à s'attirer les railleries des impies, il les souffrait donc généreusement et avec joie. Enfin Paul pratiqua admirablement cette maxime qu'il avait adoptée, et qui résume bien toute sa vie pénitente : *Non erubesco Evangelium;* et il voulut que ces mots fussent gravés sur son tombeau en lettres d'or.

Tous ceux qui racontent la conversion de Paul ne manquent pas de faire une mention très spéciale de son profond attachement à la foi catholique. Voici ce que nous trouvons à ce sujet dans les auteurs : « D'un attachement exclusif pour la foi catholique, il ne confiait les emplois de sa maison qu'à ceux qui étaient reconnus, par quelque acte public et comme solennel, en faire profession. Dans ses voyages, il portait en face des hérétiques son chapelet pendant du cou sur la poitrine, afin qu'on le reconnût pour catholique dès la première vue. » Cet amour tendre et pieux pour l'Église de Jésus-Christ est un des beaux traits qu'on remarque toujours avec joie dans la vie des serviteurs de

Dieu; et rien sans doute ne touche plus que de voir rayonner sur leur grande vie et sur leurs œuvres sublimes le dévouement pur, ardent envers cette mère vénérable, de laquelle il est écrit : « Celui-là n'a pas Dieu pour père qui n'a pas l'Église pour mère.

Stanislas, au ciel, avait toujours l'œil ouvert sur son frère. « Voyant, dit le père Bartoli, qu'il était devenu tel qu'il le voulait[1], et tel que, par ses prières, il avait si souvent supplié le Seigneur de

[1] Dans les annales des jésuites, il y a un résumé de la vie de Paul Kostka, qui trouve naturellement sa place ici : « C'est un homme comme il en est peu, et, dans une vocation différente de celle de son frère, le noble émule de ses vertus. Sa piété, sa modestie, son mépris des choses de la terre, son assiduité à l'oraison le rendent digne d'être proposé à l'admiration et à l'imitation, non seulement des hommes du monde, mais encore des religieux. Vivant dans le célibat, il consacre tout son temps à de pieux pélerinages et au soin des pauvres. Il a fait bâtir et il a fondé un hôpital à Prasniz, ville voisine du lieu de sa naissance, et c'est là que, dans l'intervalle de ses dévotes pérégrinations, il habite avec les pauvres depuis bientôt huit ans. En ce même endroit, il a fait bâtir à ses frais, pour les Pères Bernardins, une église et un monastère. » Trad. du P. Pouget.

le rendre, il l'appela dans un monde meilleur pour partager le bonheur dont il jouissait lui-même. » Paul atteignait soixante ans. Ses grandes mortifications l'avaient affaibli, et toutefois, loin de se croire à la fin de sa carrière, il pensait que sa pénitence se prolongerait encore des années.

Depuis longtemps il avait eu la pensée d'entrer dans la Compagnie de Jésus. Retenu jusqu'ici par l'humilité, Paul enfin se décida à demander son admission. Le Père Decius Strevieri était alors provincial de la Pologne. C'est à lui qu'il s'adressa naturellement. Son âge et sa santé si frêle étaient bien un obstacle qui s'opposait à l'accomplissement de ses désirs. Mais le Père connaissant la piété du saint vieillard, n'hésita pas à solliciter du général de la Compagnie l'autorisation de le recevoir.

Le Père Claude Aquaviva, qui avait été novice avec Stanislas, pensa qu'il ne pouvait que plaire grandement au bienheureux, en accueillant avec bonté, la prière de son frère. Ainsi, il ne fit aucune difficulté pour l'admettre.

Mais Paul Kostka ne devait pas rester plus longtemps en ce monde. A Pétricovie, où il était allé pour confirmer, avec toutes les formalités légales, la donation qu'il avait faite à l'église de Prasniz, pensant toujours à son saint frère, et en proie aux plus tendres regrets, il fut pris d'un violent accès de fièvre. Le Père Jacques Cieleski reçut sa dernière confession. Paul versa beaucoup de larmes, et son confesseur ne pouvait en arrêter le cours. Il mourut dans les plus grands sentiments de foi et de piété. C'était le 13 novembre 1607, le jour même assigné par le pape Clément X pour la fête annuelle du bienheureux Stanislas. Le Père Bartoli fait ici cette réflexion: « On ne pourra s'empêcher de reconnaître que le choix d'un tel jour ne doit point être attribué au hasard, mais à une disposition secrète de la Providence, qui a voulu couronner ce saint d'une double auréole, puisque à la sienne vint se joindre celle d'un frère qui dut le haut degré de vertu et de mérite qu'il atteignit, à l'efficacité de son intercession. »

Les funérailles de Paul furent magnifiques. Toute la noblesse de Pétricovie et les personnages illustres qui formaient la cour de cette ville suivirent le cortège funèbre. A la grande admiration de tout le monde, le corps du défunt conserva sa fraîcheur et sa souplesse. Quelque chose de céleste, comme un rayon de gloire, éclatait sur son visage, on ne le pouvait voir sans être attendri et pénétré de dévotion. On assure même que, toute la nuit qui précéda la sépulture, le corps fut environné d'une lumière à la fois douce et brillante, et qu'il descendit dans la tombe tout couvert de cette gloire céleste.

Stanislas fit aussi ressentir à Bilinski les effets de sa protection, en lui inspirant les plus saintes pensées, accompagnées d'un vif désir de plaire en tout à Dieu. Le précepteur ne put résister à cet attrait que son saint disciple faisait naître dans son cœur. Comme Paul, il ne tarda pas à devenir inconsolable d'avoir si longtemps méconnu, humilié, maltraité cet enfant qui était un ange; mais Stanislas ne manqua jamais d'adoucir cette peine causée par d'immenses regrets.

Bilinski vit avec une grande joie l'Église s'occuper de mettre Stanislas sur les autels. Quand Paul, par un sentiment d'humilité poussé trop loin, refusait de raconter les particularités qu'il connaissait sur la vie de son saint frère, il lui disait : « Parlez, l'honneur de Stanislas l'exige » ; et il l'exhortait énergiquement à répondre minitieusement à toutes les enquêtes juridiques. Pour lui, il parla toujours avec bonheur sur ce qu'il savait des vertus de son élève, toutes les fois qu'on l'interrogea.

Stanislas, dans le ciel, par reconnaissance pour Bilinski, poussa la bonté jusqu'à venir en personne l'assister à ses derniers moments. Il se rappela, sans doute, alors avec quelle anxiété son précepteur l'avait assisté lui-même quand il allait mourir, à Vienne, dans la maison de l'hérétique ; et il voulut lui rendre, en cette circonstance solennelle, ce qu'il avait reçu de lui. Debout, auprès de son lit, Stanislas adressa donc à son gouverneur les plus affectueuses paroles. Bilinski, ému jusqu'aux larmes de voir le saint jeune homme auprès de lui [1], éprouvait une ineffable consolation ; et il avait de la peine à trouver des paroles pour le remercier. Stanislas comprenait ses larmes et lui ré-

[1] Cet apparition du bienheureux à Bilinski est relatée dans le *Procès de Posen*, page 117.

pondait par des consolations plus douces encore. Le malade mourut enfin dans un transport de sainte joie bénissant Dieu et son angélique élève des délices de ses derniers moments.

CHAPITRE III

Comment le corps virginal de saint Stanislas fut trouvé sans corruption au bout de trois années

On se rappelle que Stanislas avait laissé, dans le cœur des novices, des souvenirs touchants et pleins de beauté. Il n'était pas possible à ces pieux religieux de se défendre d'un doux attendrissement en pensant à lui, et ils aimaient, pour se consoler, à parler entre eux de la pureté, de la piété, de l'amabilité exquise de cet ange revêtu d'un corps mortel : la vertu, dans ces entretiens, prenait à leurs yeux des charmes ineffables.

Ils ne tardèrent pas à se communiquer les uns aux autres une pensée qui était venue à leur cœur, peu de temps après la mort de Stanislas. Ils avaient, à regret, laissé enfouir dans la terre son corps sacré ; et la seule espérance que leur ange n'y demeurerait pas longtemps, les avait consolés : la gloire attendait ses précieux restes. Ils se disaient donc souvent entre eux : « Quel bonheur si nous pouvions posséder au milieu de nous les dépouilles mortelles de notre saint frère! Nous prierions avec tant de ferveur auprès des reliques de cet ange qui, en retour, nous embaumerait du parfum de sa pureté et de son ineffable amour pour Dieu ! » Et cependant deux années se passèrent sans que personne osât faire connaître aux supérieurs le désir ardent de tous les novices. Ceux-ci ne savaient pas comment leur demande serait accueillie, et ils attendaient, avec une sainte impatience, qu'une circonstance favorable se présentât pour solliciter cette faveur.

Un de leurs frères vint à mourir vers la fin de l'année 1570. Comme, pour lui donner la sépulture, on devait descendre dans le tombeau commun, ils pensèrent que l'occasion s'offrait d'elle-même d'ouvrir le cercueil où reposait le corps Stanislas, et d'en extraire une relique insigne. Ils se décidèrent donc à s'adresser enfin au supérieur pour lui demander cette grâce. Rodolphe Aquaviva, qui avait une tendre dévotion pour le bienheureux, fut chargé de présenter au nom de tous la requête. Le supérieur partageait les sentiments d'affectueuse vénération qui animaient à un si haut degré les novices de Saint-André envers Stanislas. Il accéda donc avec grande joie à ce désir, et décida que tous les novices, revêtus du surplis et tenant une torche allumée dans leurs mains, assisteraient à l'ouverture du cercueil et seraient admis à vénérer les restes précieux de leur saint frère. On arrêta, en même temps, que la relique qu'on choisirait de préférence, serait la tête du bienheureux, pour la placer dans la chapelle domestique.

Le jour fixé pour la pieuse cérémonie arriva, et la joie fut grande dans le cœur de tous les novices. On se mit donc à creuser dans la tombe pour avoir le corps saint. Tout à coup, une odeur suave se répandit, et, à mesure qu'on enlevait les décombres, la douceur du parfum devenait plus délicieuse. On eût voulu rechercher la nature de ce baume incomparable, qu'on ne l'aurait pu trouver. Dans ce parfum il y avait quelque chose de si délicat, de si exquis, de si pur, que la pensée ne pouvait venir que la terre fût capable de le produire. C'était visiblement une odeur céleste: peut-être le parfum de la pureté. Les assistants respiraient ce baume, qui, en charmant délicieusement leurs sens, pénétrait jusqu'à leurs âmes et les remplissait de la plus tendre dévotion. Ils sentaient leurs larmes couler avec cette douceur qui est une des joies les plus vives de l'âme. Et, pendant que, sous le coup d'une impression impossible à rendre, tout le monde entourait le tombeau, le tombeau se déblayait, et le délicieux parfum en sortait toujours avec plus d'abondance. On arrive enfin au cercueil. C'était le moment solennel. On ne savait ce qu'on allait trouver au milieu de ces senteurs divines.

Les novices se souvinrent alors bien vivement qu'il leur en avait coûté beaucoup pour se décider à mettre dans le cercueil le corps de saint Stanislas. C'était avec les plus vifs regrets, qu'il leur avait fallu se résigner à ne plus voir ce visage, sur lequel une merveilleuse fleur de beauté persistait à éclater, sous la main de la mort. Ils avaient tous fondu en larmes en descendant dans la tombe un corps qui conservait l'incarnat de la vie et de la jeunesse, qui était tendre et flexible, et remarquablement beau.

Mais tandis que ces souvenirs faisaient monter leur émotion à son comble, le plus doux spectacle allait réjouir leurs regards. On ouvre le cercueil, et aussitôt, avec un empressement facile à comprendre, tout le monde s'approche et se penche pour voir ce qu'il reste encore de l'angélique Stanislas. Stanislas couché semble vivant, mais endormi. Tout est resté si frais et si éclatant dans sa gracieuse figure, et la douceur de son sourire est encore si vivante, que les pieux novices le reconnaissent en pleurant. Ils ne sont pas surpris de voir que le Seigneur a veillé avec amour sur la dépouille mortelle de leur saint frère, et qu'il n'a pas permis qu'elle ait rien perdu de son ancienne fraîcheur. Personne n'ayant eu la pensée d'embaumer le saint corps quand on l'avait enterré, le miracle de son incorruptibilité apparaissait de la sorte dans tout son éclat.

Il n'était pas possible d'enlever à ce corps intact et revêtu de toutes les apparencede la vie, aucune partie considérable. Les novices comprirent bien qu'il ne fallait pas songer à emporter avec eux le chef sacré de Stanislas, comme on le leur avait fait espérer. Frustrés de leurs pieux désirs par un prodige aussi gracieux qu'inattendu, ils n'eurent pas le courage de se plaindre, et ne virent pas néanmoins, sans un certain serrement de cœur, le cercueil se refermer de nouveau sur leur saint frère. Ils quittèrent son tombeau, emportant dans leurs âmes, avec une consolation très pure, l'espérance qu'un jour, Dieu les jugeant dignes de posséder la précieuse relique, ferait cesser le miracle, et mettrait ainsi le comble à leurs vœux.

Ils se promettaient, en attendant cette précieuse faveur, d'imiter, avec un soin extrême, la modestie, la piété, la mortification, l'obéissance, l'angélique innocence de Stanislas.

CHAPITRE I

Comment le corps de saint Stanislas fut transféré dans la chapelle domestique, et comment des dons précieux furent envoyés à son tombeau.

On laissa encore dormir une année entière dans son tombeau le corps virginal de Stanislas. Mais Dieu ne jugea pas à propos de conserver davantage les saintes dépouilles, et il les laissa se flétrir. Quand donc on ouvrit de nouveau le cercueil on ne trouva plus que des ossements. Ces restes sacrés furent alors enveloppés de soie, déposés dans une urne de plomb, et placés dans la chapelle du noviciat auprès du principal aute, sous une pierre simple, absolument dépourvue d'ornements et très peu élevée au-dessus du niveau des dalles de l'église. C'est là que, entouré d'une grille de fer, le corps du bienheureux attendit les honneurs qui allaient bientôt lui être rendus.

Cependant Stanislas, au ciel, écoutait avec intérêt tous ceux qui s'adressaient à lui pour obtenir quelque grâce signalée. Les malades et les affligés de toute sorte étaient assurés de voir leurs supplications toujours doucement accueillies par lui, et avec confiance ils réclamaient tout joyeux son puissant secours. Les faveurs ne se faisaient jamais attendre. Ainsi, disent tous les auteurs, dans les trente-cinq années qui suivirent immédiatement la mort de Stanislas, Dieu honora grandement la mémoire de son serviteur, par de nombreux miracles opérés tant en Pologne qu'à Rome.

Les Pères Jésuites, gardiens du tombeau, pouvaient facilement se rendre compte des prodiges qui s'accomplissaient presque chaque jour, en voyant des ex-voto venir de tous les pays au sépulcre de saint Stanislas. C'étaient des pierreries et des diamants d'une grande richesse.

Mais tous ces présents de la piété reconnaissante disparaissaient les uns après les autres, à mesure qu'ils étaient déposés sur le tombeau. Comme la sainte Église n'avait pas encore fixé, à cette époque, le degré d'honneur qu'on doit rendre à ceux qui, étant morts en odeur de sainteté, ne sont pas béatifiés dans les formes, les Pères Jésuites, malgré leur tendre amour pour Stanislas, se voyaient obligés de voiler la gloire qui venait, chaque jour, se reposer sur sa tombe, et à leur grand regret, ils enlevaient les ex-voto.

Dieu seul sut apprécier tout ce qu'il leur en coûta, pour ravir ainsi à leur saint bien-aimé les insignes honneurs qu'on lui prodiguait ; et ils acquirent sans doute de précieux mérites par cette délicate et pieuse déférence envers l'Église, en même temps qu'ils se concilièrent, une fois de plus, la vénération de tous ceux qui n'ont rien dans le cœur de plus cher et de plus sacré que d'écouter en tout, avec respect, l'épouse de Jésus-Christ, et de ne prévenir jamais ses jugements.

Mais les Polonais ne considéraient pas les choses à ce point de vue. Leur angélique compatriote faisait des miracles; à chaque instant le récit de quelque nouveau prodige venait les émouvoir. Ils apprenaient qu'une foule d'objets d'art d'un très grand prix étaient journellement envoyés à la chapelle du noviciat, pour orner le tombeau, et leur douleur était grande de savoir que ces monuments, destinés à immortaliser la bonté de Stanislas, étaient enlevés dès qu'ils apparaissaient.

A chaque instant, les Pères Jésuites recevaient d'eux des reproches quelquefois aimables, mais aussi amers quelquefois : rien ne pouvait être plus pénible à ces vénérables religieux. Il leur semblait en effet cruel de voir un peuple tout entier profondément ému dans son cœur, apporter des vœux et des couronnes sur la tombe de son enfant, et d'être obligés de repousser ce peuple et de lui faire ajourner les élans de son amour. D'autant plus que l'enthousiasme de la nation polonaise reposait sur la reconnaissance, et que des miracles de plus en plus éclatants la portaient ainsi à envoyer à Stanislas l'hommage solennel de sa vénération. Les religieux de la Compagnie de Jésus se trouvaient ainsi dans une position difficile.

Ils répondaient aux Polonais que le temps ne

tarderait pas à venir où le Vicaire de Jésus-Christ ferait descendre du ciel la gloire sur la tombe de leur jeune saint, mais qu'il fallait laisser au Pape l'honneur de le couronner le premier, et consacrer ainsi, par son infaillible initiative, tous les hommages qui lui seraient rendus dans la suite des siècles.

Tandis que les Polonais, comprenant sans doute ces raisons si dignes et si sages, essayaient de se consoler, et se résignaient à attendre le moment de Dieu, deux prodiges arrivés coup sur coup, au tombeau de saint Stanislas, excitèrent de nouveau leur enthousiasme, et les portèrent à presser les religieux de la Compagnie de Jésus de ne pas dérober plus longtemps à la vénération des peuples cette tombe que le Seigneur rendait si glorieuse.

On venait de renfermer les ossements sacrés de Stanislas dans une nouvelle urne, et le saint dépôt avait été remis à sa place dans la chapelle du noviciat. Quelques heures à peine s'étaient écoulées depuis la cérémonie, quand l'église du Gésu, qui est assez éloignée de Saint-André, se trouva tout à coup remplie d'une merveilleuse odeur. Plusieurs Pères, qui vinrent là par hasard, s'arrêtèrent étonnés de respirer un pareil parfum. D'autres Pères vinrent encore, et furent témoins du prodige. Ce qui les surprenait surtout, c'est qu'en respirant ce parfum, il sentaient entrer dans leur âme une joie pure et vive, qui les rendait délicieusement émus et qui leur faisait aimer Dieu avec une douceur indicible. On pensa d'abord qu'il y avait dans la sacristie quelque fleur. D'autres s'imaginèrent que des parfums exquis y avaient été brûlés.

Toutefois chacun voyait bien qu'il n'a été donné à aucune fleur sur la terre, ni à aucun parfum de faire pleurer des larmes si douces d'amour de Dieu. On ne tarda pas à conclure que l'odeur venait du ciel.

Cependant ces senteurs merveilleuses s'exhalaient toujours de plus en plus et envahissaient l'église après être sorties de la sacristie. Parmi tous ceux que cette chose étonnante jetait dans le ravissement, le frère chargé du soin de la sacristie avait paru d'abord transporté de joie; mais l'inquiétude finissait par se peindre sur son visage, à mesure que le prodige prenait des accroissements. Le Père général le fit appeler auprès de lui : « Savez-vous, mon frère, dit-il, d'où peut provenir ce parfum merveilleux ? N'avez-vous pas à la sacristie quelque fleur ou quelque précieux aromate ? » Le frère, qui connaissait la cause de cette étonnante merveille, n'osait répondre ; enfin, il raconta avec larmes qu'au moment où on avait extrait du cercueil les ossements de saint Stanislas, poussé par un vif désir de posséder quelque parcelle du corps sacré, il avait profité de l'émotion dont tout le monde alors était saisi, et s'était secrètement emparé d'un petit os : c'était une jointure de l'épine dorsale ; et il ajoutait en pleurant de nouveau qu'il n'avait pas plutôt déposé dans un tiroir de la sacristie la relique sainte, que le parfum s'en était exhalé et l'avait ainsi trahi.

Le Père Aquaviva voulut qu'on allât tout de suite vérifier le fait. L'ossement sacré fut trouvé à l'endroit indiqué par le sacristain. On vit bien que le parfum ne venait pas d'ailleurs, et comme on se hâta de reporter la relique sainte au tombeau du bienheureux, l'odeur se dissipa peu à peu, et bientôt on ne la sentit plus dans l'église du Gésu.

Un miracle du même genre s'accomplit quelque temps après, au tombeau même. Nicolas Oborski, jeune homme polonais, avait une grande dévotion envers le bienheureux. A le voir à genoux presque tous les jours devant son tombeau, on devinait sans peine qu'une de ses plus douces joies était de se trouver là. Avant de quitter cette tombe chérie où il lui semblait voir Dieu avec les yeux de la foi, dans une lumière plus radieuse qu'ailleurs, sans doute parce que son saint ami enterré en ce lieu priait ardemment pour lui, Nicolas Oborski ne manquait jamais, pour le remercier, de baiser la froide pierre qui recouvrait ses dépouilles ; et souvent des larmes venant de son cœur tombaient de ses yeux et se mêlaient à ses baisers. Un jour qu'il épanchait dans une effusion toute d'amour son âme devant ces reliques d'un ange, posterné sur la tombe, il est délicieusement surpris : un parfum exquis s'en exhalait. C'était le 20 octobre de l'année 1602, en la fête des saints apôtre Simon et Jude, jour anniversaire de la naissance de Stanislas et de son entrée au noviciat. Nicolas Oborski respirait donc ce parfum céleste, et son âme était en proie à je ne sais quel ineffable saisissement, semblable, raconte-t-il lui-même, à celui qu'on doit ressentir lorsque, voyant Dieu pour la première fois au ciel, on l'aime avec la plénitude d'un cœur établi dans l'union béatifique.

Le pieux jeune homme passa ainsi plusieurs heures dans un ravissement plein de douceur. Avant de quitter l'église, il demanda au Père Lancicius, qui alors était chargé du soin de l'église, s'il n'y avait pas quelque fleur admirable cachée dans le tombeau ou près du sanctuaire. Ce Père si pieux envers l'angélique Stanislas, déclara au jeune Oborski qu'aucune fleur n'avait été déposée sur le tombeau ; il ajouta que lui aussi avait senti plusieurs fois cette odeur merveilleuse, et, qu'après avoir examiné avec le plus grand soin le sépulcre et la chapelle tout entière, il était resté persuadé que, quand bien même la tombe eût été jonchée des fleurs les plus suaves, un si délicieux parfum n'aurait pu s'en exhaler, et que la fleur ou le parfum ne pouvait être autre chose que le corps virginal et si pur du bienheureux. Ainsi, avec cette évidence que Dieu sait produire dans les esprits, quand il faitéclater à la gloire de ses saints quelque beau prodige, tous deux reconnurent que c'étaient bien les dépouilles immaculées de Stanislas qui exhalaient cette odeur du ciel, et ils furent attendris jusqu'au fond de l'âme, en pensant à sa pureté angélique.

CHAPITRE V

Comment le culte de saint Stanislas commença à être autorisé dans l'Église de Dieu.

Les nouveaux prodiges qui venaient d'éclater sur le tombeau du bienheureux Stanislas inspirèrent une dévotion plus grande encore envers le serviteur de Dieu. Visiblement, le Seigneur mettait lui-même la main à l'œuvre de sa gloire. Les miracles accomplis jusqu'ici eussent suffi à lui attirer l'amour et l'admiration du monde entier; mais ces deux derniers avaient quelque chose de si gracieux et de si aimable que l'on ne pouvait s'en taire. On était ravi à la pensée que Dieu se souvenant sans doute de la grande pureté de son enfant, avait permis que le lis de l'angélique vertu refleurît un instant dans ses ossements desséchés, et embaumât du plus suave parfum ceux qui étaient venus visiter le tombeau.

Toujours attristés jusqu'ici de voir les Pères Jésuites refuser de décorer le tombeau de Stanislas avec les ex-voto nombreux qui étaient envoyés par la plus pieuse reconnaissance, les Polonais ne pouvaient plus maintenant se contenir. Dieu venait de désigner, par un nouveau prodige, Stanislas à la vénération de tous. Qui pouvait se méprendre sur ses intentions à l'égard d'un enfant qu'il cherchait à illustrer de toutes les manières, avec une persistance qui n'avait d'égale que la fermeté avec laquelle les Pères se refusaient toujours de rendre un culte quelconque au bienheureux?

Les Polonais ne purent, en cette circonstance, se dispenser de leur adresser les plus vives représentations. Ils déclarèrent à ces vénérables religieux qu'il leur était impossible de comprendre comment ils s'opposaient à la volonté de Dieu; qu'ils faisaient même plus que de s'opposer simplement à cette adorable volonté, puisque, tandis que de son côté le Seigneur mettait en quelque sorte à contribution sa toute-puissance pour exalter Stanislas, eux faisaient tous leurs efforts pour le tenir dans l'humiliation. « Cette lutte contre le Seigneur, disaient-ils, voulez-vous toujours la soutenir ? Faudra-t-il que votre opiniâtreté oblige Dieu à faire continuellement des miracles ? » Et dans la douleur qu'ils ressentaient de voir leurs représentations inutiles, ils appelaient les Pères indifférents et ingrats.

Toutefois le respect de la Compagnie de Jésus pour l'autorité de l'Église l'emportait, devant Dieu, sur le zèle ardent des Polonais pour la gloire de leur saint bien-aimé; et c'était plus encore à cette admirable soumission des Pères qu'aux vœux pourtant légitimes de la noble nation, que le Seigneur devait accorder enfin l'exaltation de Stanislas. Clément VIII était alors assis sur la chaire de saint Pierre. Depuis quelque temps, le bruit des miracles qui s'accomplissaient à la prière de Stanislas parvenait à ses oreilles, et ce pape commençait à penser que Dieu voulait voir enfin le jeune saint honoré dans l'Église. Cependant, comment donner un décret dans ce but? Cela ne pouvait se faire sans déroger aux règles établies qui s'opposaient formellement à ce qu'un culte public lui fût rendu sitôt.

« Mais, dit le Père Bartoli, le Seigneur inspira au Pape d'user d'une dispense extraordinaire envers Stanislas, en vertu de son pouvoir apostolique. » Clément VIII se fit rendre un compte exact des miracles que le saint jeune homme avait opérés dans sa patrie et dans la capitale du monde chrétien ; il lut avec une grande consolation spirituelle sa vie, qui lui sembla être véritablement une vie d'ange; et, sur la requête qui lui fut présentée par son camérier Fabien Konopaski, il accorda, par un bref pontifical, une indulgence de dix ans et de dix quarantaines à ceux qui, le jour anniversaire de la mort de Stanislas, visiteraient dans le pays de sa naissance une chapelle de la sainte Vierge. Ici, on ne peut sans doute se défendre d'une douce émotion à la pensée que le sanctuaire de Marie fut le lieu où Stanislas reçut les premiers honneurs de l'Église. Cette incomparable Mère eut pour cet enfant, qu'elle avait tant aimé, l'attention délicate de vouloir abriter sous son manteau la première gloire et la première couronne qui lui était décernée par le vicaire de Jésus-Christ.

Mais Clément VIII pensa bientôt qu'il avait trop peu accordé aux mérites de l'admirable jeune homme, et à la piété de tous ceux qui désiraient si vivement le voir entouré des plus grands respects. Après s'être recueilli dans la prière, le 18 février 1604, il accorda au jeune Stanislas le titre de bienheureux, par un bref apostolique envoyé à Pultovie. Il permit, en outre, à cette ville, de célébrer sa fête tous les ans, et ouvrit le trésor des indulgence en faveur de ceux qui prendraient part à la solennité. Clément VIII ne devait pas dispenser plus de gloire à Stanislas, et il mourut peu après, laissant à ses successeurs l'honneur et la consolation de travailler à la couronne du bienheureux.

Le pape Léon XI ne fit que passer sur le trône pontifical et n'eut pas le temps de s'occuper de notre saint jeune homme. Au mois de mai de la même année, dans laquelle Clément VIII et Léon XI moururent, Paul V fut élu pape. La nation polonaise avait chargé le cardinal Alexandre Montalte de présenter au nouveau pontife un mémoire, où étaient exposés les motifs les plus puissants, en faveur de la canonisation de Stanislas. Le pieux protecteur de la Pologne mit donc aux pieds du Vicaire de Jésus-Christ ce document, avec un abrégé de la vie et des miracles du bienheureux. Le Pape fut touché des prières de toute la noble nation, qui demandait avec des instances si vives la glorification de Stanislas. Les supplications du roi, qui venaient ajouter à ces prières déjà si éloquentes une nouvelle force, lui firent une aussi grande impression. Et, sans la réserve que la prudence commande toujours en pareille circonstance, il eût volontiers accordé qu'on laissât enfin déposer sur le tombeau du Saint les décorations innombrables qui avaient été apportées, mais qu'on avait tenues cachées jusqu'ici, pour ne pas devancer le jugement de l'Église dans le culte à rendre au bienheureux. Paul V eût également permis volontiers qu'on allumât une lampe devant l'image de Stanislas exposée. Mais, comme il ne portait la tiare pontificale que depuis quelques mois, il ne croyait pas pouvoir tout d'abord déroger aux lois établies. Il fit donc répondre que les formalités devaient êtres remplies, et la cause remise à l'examen de la sacrée congrégation des Rites.

Le temps que ces enquêtes si graves exigeaient semblait long aux Polonais. André de Bnin Opalinski était, à cette époque, ambassadeur de Pologne auprès de la cour romaine. Ce prélat partageait, à un haut degré, les sentiments dont son pays était animé envers Stanislas, et il regrettait vivement de voir que les choses n'avançaient pas. Fatigué d'une attente dont on ne pouvait prévoir le terme, il résolut d'aller trouver le pape.

André de Bnin Opalinski adressa à Paul V les mêmes prières qui lui avaient été faites, au nom de la Pologne, par le cardinal protecteur. Le Pape l'écouta avec bienveillance, et quand l'ambassadeur le conjura de lire l'abrégé de la vie et des miracles de Stanislas, il promit de le faire. Le prélat jugea alors que sa cause était gagnée, et il était difficile, en effet, de lire sans émotion cet abrégé qui n'était qu'un tissu de prodiges éclatants. On assure que le Pape éprouva un si vif plaisir à parcourir ce récit attachant, qu'il ne put en interrompre la lecture, et qu'il arriva à la fin avec un véritable regret. En voyant la haute perfection de Stanislas, le vénérable Pontife se sentit animé de la piété la plus tendre pour un enfant que le Seigneur avait aimé de la sorte. Il s'expliqua alors sans peine les prières pressantes qui lui avaient été adressées de toute part, à son avènement au souverain pontificat, pour que ce jeune homme angélique fût mis au nombre des saints ; et, admirant au fond de son cœur la puissance de Dieu, qui produit, quand il lui plaît, de tels chefs-d'œuvre de grâce, il éprouva une consolation très vive d'avoir été choisi par le Seigneur pour placer Stanislas sur les autels.

L'ambassadeur de Pologne connut bientôt l'impression que la lecture de la vie et des miracles de Stanislas avait faite sur l'esprit du Pape; et il communiqua à la noblesse polonaise l'espérance qu'il avait de voir prochainement le tombeau du bienheureux entouré des plus grands honneurs.

On était au 14 août de l'année 1605 ; et rien n'avait encore été décidé, par rapport au culte dont Stanislas devait être l'objet, quand des princesses romaines, ayant à leur tête Éléonore des Ursins, duchesse de Sforce, et la femme de l'ambassadeur de France, se présentèrent devant le Pape, et furent admises au baisement des pieds.

Elles direntau Pape que, en même temps qu'elles venaient vénérer en lui le représentant de Jésus-Christ sur la terre, elles avaient une humble prière à lui adresser. Paul V les assura que sa bienveillance leur était acquise. Aussitôt, avec une émotion facile à comprendre, elles lui parlèrent du bienheureux Stanislas, et de la grande joie qu'éprouverait toute la nation polonaise, s'il daignait permettre qu'on rendît à cet angélique jeune homme les mêmes honneurs qui avaient été accordés par le Saint-Siège, au bienheureux Louis de Gonzague.

En écoutant la prière que ces pieuses princesses lui faisaient, le Pape ressentait une vive allégresse et sa figure rayonnait de bonheur. Décidé, depuis quelque temps déjà, à décerner à Stanislas les honneurs qui lui étaient demandés, il fut heureux de les accorder aux instances de ces pieuses dames. « Une telle grâce, leur répondit-il avec bonté, ne peut être refusée aux vertus du bienheureux Stanislas et aux pieux zèle de celles qui emploient leur crédit pour un si noble motif. »

Le jour où ce privilège était accordé ne pouvait pas être mieux choisi, puisque c'était la veille de l'Assomption, et que le bienheureux avait quitté la terre en cette grande fête. Pensant tout à coup à la joie que cette nouvelle allait apporter au noviciat de Saint-André, le Pape s'adressa de nouveau aux princesses qui allaient sortir : « Dites aux jeunes frères de Stanislas, s'écria-t-il, qu'ils fassent demain la sainte communion pour moi en reconnaissance de la grande faveur que je leur accorde aujourd'hui. »

« Mais ce fut peu, dit le Père Bartoli, en comparaison de ce que les heureux habitants de Saint-André y ajoutèrent de prières et de pénitences publiques et particulières, regardant comme une grâce faite à eux-mêmes, cet accroissement d'honneurs et de culte que recevait leur angélique frère Stanislas. »

CHAPITRE VI

Comment la ville de Rome combla d'honneurs saint Stanislas quand le Pape eût permis de l'invoquer solennellement.

L'ambassadeur de Pologne auprès du Saint-Siège, André de Bnin Opalinski, fut informé le premier de la grâce qui venait d'être accordée par le Pape. Il se transporta sur-le-champ à l'église du noviciat, afin de la faire décorer pour la fête que les Polonais préparaient depuis si longtemps, dans leur cœur, au serviteur de Dieu. Dépositaires des innombrables présents qui, dans l'espace de près de quarante années, avaient été envoyés presque chaque jour au tombeau, les Pères Jésuites, avec une joie indicible, les mirent à la disposition du pieux prélat.

Ces ex-voto consistaient en diamants, en broderies qui éclataient au milieu de l'ambre, de l'ivoire, de l'albâtre, présents qu'on aurait dit venir de mains royales; sans compter ceux qui, moins précieux, représentaient quelque chose de plus touchant peut-être, je veux dire le cœur simple et humble des pauvres que le bienheureux avait miraculeusement secourus dans la souffrance, et qui avaient apporté, dans la simplicité éloquente de leur gratitude, des béquilles devenues inutiles, ou bien encore la représentation en cire de leurs jambes, de leurs bras guéris par saint Stanislas. Tous ces précieux témoignages de l'inépuisable bonté du saint furent déposés sur son tombeau. Jamais décoration n'avait couvert, jusqu'ici, d'une gloire si pure et si touchante le cercueil d'un enfant. Tout ce qu'on mit dans la chapelle, pour donner à la fête le plus d'éclat possible, ne put effacer la grandeur attendrissante et la sublime beauté de ce monceau d'ex-voto pieux.

Il serait difficile de dépeindre la magnificence presque féerique avec laquelle fut ornée l'église de Saint-André pour la fête. Les murs disparurent sous les plus riches étoffes de soie. Dans des vases d'or, d'argent, du plus beau travail, on mit des fleurs splendides, et quoique peu élevé au-dessus de la terre, le tombeau, au milieu des candélabres de cristal, des pierreries, des fleurs, des lumières, avait l'apparence d'un riche autel. On consulta même beaucoup moins le bon goût et les règles de la symétrie, pour la décoration de la chapelle, que le besoin que tous les cœurs éprouvaient de répandre, avec une sainte profusion, des splendeurs de toute sorte sur cette tombe glorieuse ; et on ne cessa de couvrir le sol de vases d'or, de corbeilles de marbre, de fleurs, de diamants, de lampes d'argent, d'objets d'art les plus beaux, que quand on ne trouva plus de place pour en mettre d'autres. Enfin, l'aspect de l'église fut changé, au point que ceux qui entraient, dit naïvement un auteur, se croyaient dans un véritable palais.

André de Bnin Opalinski, tandis que ces somptueux préparatifs s'accomplissaient, était allé à la sacristie prendre l'image vénérée du bienheureux. On lui vit répandre des larmes de bonheur quand il suspendit le portrait sacré au-dessus du tombeau. Ayant allumé de ses propres mains une magnifique lampe d'argent, offerte par l'archevêque Bernard, ami de saint Stanislas[1], le pieux prélat, entouré des novices, se prosterna respectueusement devant les reliques du jeune saint, et leur rendit ainsi un premier hommage solennel.

La nuit entière fut employée à la décoration de l'église ; et, le lendemain, le tombeau tout éclatant de splendides richesses apparut, dans une gloire merveilleuse, aux yeux de Rome étonnée. Tout ce que la ville possédait d'illustrations vint se mettre à genoux devant les restes du bienheu-

[1] Bernard avait conservé le plus pieux souvenir de saint Stanislas, qu'il avait connu au collège de Vienne. Entendant parler des prodiges qui s'accomplissaient au tombeau de celui qui avait été son condisciple, le prélat, désireux de montrer la vénération qu'il lui portait, avait fait sculpter une lampe magnifique, pour brûler devant ses dépouilles mortelles. Il avait fait extraire l'argent qui entrait dans la composition de cette lampe, d'une mine récemment découverte dans ses propriétés. Il lui était doux de penser que les prémices de cette précieuse découverte étaient pour son saint ami. D'une forme élégante et gracieuse, cette lampe avait des ciselures de toute beauté. Malgré la délicatesse des dessins et le goût exquis qui éclatait jusque dans les plus petits détails, cet objet d'art était d'un grand poids.

reux; et, dans la journée, la rue du Quirinal fut continuellement encombrée par les généraux en grand costume, par les cardinaux, les ambassadeurs et les plus hauts dignitaires.

On avait à peine eu le temps de faire parvenir à la cité la nouvelle de la décision du Pape, relativement aux honneurs accordés à Stanislas; mais cette concession répondait si bien au besoin de tous les cœurs, qu'aussitôt connue, elle avait mis sur pied Rome tout entière. A côté de la brillante noblesse, qui affluait à l'église de Saint-André, le peuple avait sa place, et c'était par bandes considérables qu'il arrivait au tombeau du bienheureux. Là, grands seigneurs, nobles dames, femmes du peuple hommes de travail, confondus pêle-mêle, et tous agenouillés, pleuraient; et, dans toutes ces âmes, séparées par l'éducation, la condition, le rang, il y avait une égale douceur d'émotion et de sainte joie.

A la messe solennelle qui fut célébrée par André Opalinski, on entendit une mélodie ravissante. Exécutée par des artistes distingués, cette douce musique retraça quelque chose des charmes célestes de Stanislas dans la gloire. En descendant de l'autel, le prélat ayant invité, d'une voix profondément émue, les assistants à se prosterner avec lui devant le tombeau du bienheureux, l'assemblée obéit aussitôt et mouilla de ses larmes la tombe sacrée. Les vêpres, célébrées également en grande pompe, mirent fin à la solennité.

Ceci se passait le jour même de l'Assomption de la glorieuse Marie, reine des Anges ; et ainsi nous retrouvons de nouveau Stanislas auprès de la sainte Vierge. C'est en la fête de sa divine Mère que le jeune saint reçut le second degré de gloire qui lui fut accordé par l'Église. La prédilection de la sainte Vierge pour cet enfant éclata encore d'une autre manière : comme on n'avait pas eu le temps de composer des prières liturgiques pour le bienheureux, on chanta l'office de l'Assomption, et ainsi les louanges en l'honneur de Marie inaugurèrent sa première fête.

La cérémonie avait été de toute beauté; et, si l'on en croit tout ce qui a été raconté sur ce sujet par une foule d'historiens, on peut dire, sans hésiter, qu'il est peu de saints dont la gloire ait éclaté tout à coup avec tant de magnificence. Toutefois, au gré des Polonais, la solennité n'avait pas encore été assez splendide ; et André Opalinski fit tant qu'il obtint la faveur d'en célébrer l'octave avec un nouvel éclat. Le concours à Saint-André fut plus considérable encore qu'au jour de l'Assomption. La piété fut aussi touchante, et chacun emporta de ce tombeau les plus douces consolations.

Au milieu de la foule qui, tout le jour, remplit l'église, on remarqua la duchesse de Sforce. Cette pieuse dame, accompagnée d'un noble cortège, venait déposer devant l'image du bienheureux, un cierge de douze livres, tout couvert d'or et de miniatures d'un grand prix. Pensant qu'à ses prières le Pape avait accordé le triomphe de Stanislas, elle pleurait de bonheur. Prosternée sur le tombeau, elle pria longtemps, et attendrit tous ceux qui la virent implorer avec tant d'humilité et de larmes la protection de saint Stanislas.

Parmi ceux qui ressentirent le plus de joie de l'exaltation du bienheureux, les Polonais résidant à Rome avaient naturellement la première place.

Ils furent les visiteurs les plus assidus du tombeau de leur glorieux compatriote. Connaissant la joie que la Pologne ressentirait, en apprenant que Stanislas venait d'être mis sur les autels, ils s'étaient hâtés d'annoncer ce bonheur à leur pays. De son côté, l'ambassadeur Opalinski avait mandé aussitôt à son souverain la précieuse nouvelle ; et ainsi, avec la rapidité de l'éclair, la gloire de Stanislas pénétra dans toute la Pologne. Un enthousiasme impossible à décrire éclata aussitôt de tous côtés, et des dons de toute sorte furent de nouveau envoyés à Rome pour décorer le tombeau. « Nous ferions volontiers connaître ces présents, dit le Père Bartoli, et ces détails ne tourneraient pas moins à la gloire du bienheureux qu'à l'édification des fidèles, mais il serait trop long d'énumérer exactement toutes ces merveilles ; et si nous ne parlions que de quelques-unes, nous nous exposerions à commettre une sorte d'injustice envers ceux qui n'auraient pas obtenu qu'on fît mention des dons de leur piété. »

CHAPITRE VII

Comment la Pologne célébra des fêtes brillantes, lorsque le Saint-Siège autorisa le culte de saint Stanislas dans toute l'étendue du noble pays.

La Pologne, satisfaite sans doute de voir le tombeau de Stanislas couvert de gloire dans la capitale du monde chrétien, n'était pas néanmoins arrivée au comble de ses désirs. Les honneurs que Paul V avait accordés au bienheureux, ne devaient pas lui être rendus en dehors de la Ville Éternelle; et les Polonais eussent voulu pouvoir élever des autels dans leur pays à leur saint compatriote.

Les Pères de la Compagnie de Jésus qui résidaient dans ce royaume avaient à chaque instant, sous leurs yeux, des prodiges opérés par le bienheureux, et comprenaient ainsi, mieux que personne, pourquoi le peuple lui était si tendrement dévoué et désirait, si vivement, qu'on le mît sur les autels. Le roi Sigismond fut d'avis avec eux qu'il fallait enfin solliciter du Pape, pour la Pologne, l'extension du privilège accordé à Rome. En conséquence, ce pieux monarque chargea le cardinal protecteur de la Pologne, et Bnin Opalinski, son ambassadeur, de faire auprès du Saint-Siège les démarches nécessaires à ce sujet. Bientôt Paul V adressa à Sigismond un bref par lequel il permettait de célébrer la fête du bienheureux Stanislas dans toutes les églises des Jésuites du royaume, accordant en même temps de grandes indulgences à ceux qui visiteraient ces sanctuaires et s'approcheraient des sacrements, le jour de la solennité.

La Pologne reçut avec une une joie indicible cette faveur après laquelle elle soupirait depuis si longtemps. Toutes les âmes que leur respect pour l'autorité de l'Église avait tenues dans une pieuse réserve, se dilatèrent enfin, et il y eut comme une explosion d'allégresse dans ce noble pays. A l'époque où nous vivons, plusieurs auraient de la peine à comprendre ce bonheur de tout un peuple, à la réception d'une lettre de Rome qui lui permet de se mettre à genoux devant un de ses enfants glorifiés. Mais le prestige du jeune Stanislas avait cette puissance et la nation triomphait de sa gloire. Heureuse donc de n'être plus obligée à comprimer son amour, elle éclata en transports de reconnaissance.

Bientôt les temples qui appartenaient à la Compagnie de Jésus furent décorés avec magnificence, et il est vrai de dire qu'on employa tous les moyens pour donner à la solennité une splendeur et une majesté dont peut-être jusqu'ici on n'avait pas eu d'exemple [1].

[1] Parmi toutes les églises où la fête fut célébrée avec le plus de pompe, celle des Pères Jésuites de Jaroslaw se fit remarquer par la richesse et la beauté de ses décorations et de ses cérémonies. La duchesse d'Ostrog, parente du bienheureux Stanislas, avait donné aux Pères de splendides tapisseries pour orner les murs du sanctuaire, et la munificence de cette pieuse dame éclatait de tous les côtés dans

Pendant de longues années, la fête de saint Stanislas fut célébrée, en Pologne, de la manière la plus solennelle. Dans des mémoires écrits à la fin du XVIIe siècle, on trouve des récits brillants, sur cette fête toute populaire, et des détails précieux, qui, au mérite d'offrir une peinture fidèle des mœurs du temps, joignent celui de montrer jusqu'à quel point notre saint était vénéré de ses fidèles compatriotes.

le lieu saint, orné par elle de pierreries et d'objets d'art d'un grand prix. Au-dessus de la porte d'entrée on avait gravé cette inscription : « Le collège de Jaroslaw, dirigé par la Compagnie de Jésus, au bienheureux Stanislas, religieux de cette même compagnie, fils du châtelain de Zakroczym, lumière de la cour céleste, astre de Rome, gloire de la Pologne, modèle de religion, de piété, de pureté, contempteur des choses humaines, triomphateur de lui-même, en félicitation de l'honneur qui vient de lui être déféré par Sa Sainteté Paul V, vicaire de Jésus-Christ sur la terre. »

Outre cette inscription glorieuse, l'œil ravi découvrait, dans des emblèmes ingénieux, les louanges les plus exquises qu'on pût faire au bienheureux. La beauté des dessins qui encadraient ces gracieux symboles ne le cédait en rien à l'aimable suavité de la poésie qui chantait la gloire de Stanislas. A droite du maître-autel, deux images, dont l'expression était fort douce, attiraient surtout l'attention. L'une représentait la Vierge Marie aux genoux de laquelle saint

On nous pardonnera de fondre en un tableau simple et vrai ces détails épars dans les monuments historiques. Ce déploiement inusité de splendeur mérite au moins une page dans un livre destiné à la gloire de saint Stanislas.

Voici donc ce qu'on lit dans les anciennes chroniques.

Dans toutes les villes du royaume, la veille de la fête, le peuple assiste aux premières vêpres,

Ignace et saint Stanislas priaient. Sur l'autre, on voyait le bienheureux jeune homme seul avec un ange qui s'approchait de lui et déposait sur ses lèvres la sainte hostie. Les diamants qui couvraient cette dernière image étincelaient d'un vif éclat à la lueur des cierges allumés tout autour. Au-dessus de ces deux magnifiques représentations du saint, brillait un baldaquin d'or et de pierreries, soutenu par des colonnes entourées de guirlande d'or pur.

La cité contempla tout le jour avec émotion ces magnificences. Quand la messe solennelle fut célébrée, et que le peuple eut entendu le panégyrique du bienheureux, les Pères du collège voulurent faire représenter son triomphe. La ville tout entière se porta donc vers l'endroit où devait avoir lieu cette scène ravissante. Quatre jeunes enfants, vêtus comme des anges, apparurent tout à coup, semblant descendre du ciel. Ils portaient de magnifiques présents dans leurs mains pour le bienheureux Stanislas. L'un avait une couronne de diamants rouges ; l'autre portait une guiret, avant que la nuit soit tombée, chacun a soin d'orner l'extérieur de sa maison avec ce qu'il a de plus précieux. Des guirlandes de lumière artistement tressées encadrent la statue du saint placée au milieu de ces décorations. Chaque famille possède ainsi, au dehors, son autel à saint Stanislas. Les maisons de la ville, changées de la sorte tout à coup en reposoirs éblouissants, donnent aux rues un aspect féérique. Sur les places publiques l'illumination prend des formes plus gracieuses encore, et

lande d'émeraudes ; le troisième tenait à la main un lis ; le dernier un diadème de diamants et de pierreries. Avec ces emblèmes les quatre anges voulaient signifier qu'ils étaient envoyés du ciel pour couronner les vertus du bienheureux ; sa mortification avec les diamants rouges ; avec les émeraudes, sa constance : sa pureté avec le blanc lis ; le diadème de pierreries indiquait que ces vertus sublimes étaient récompensées par la gloire éternelle. Les anges attendrirent l'assemblée en chantant dans un langage pieux les louanges de Stanislas. Les *Annuelles*, auxquelles nous empruntons tous ces détails, racontent que des larmes d'amour et de dévotion coulèrent surtout des yeux quand, à la fin des cantiques des anges, quatre enfants, dont deux appartenaient à la famille Kostka, s'approchèrent des anges pour recevoir les emblèmes, et allèrent en couronner l'image du bienheureux. (Extrait des *Annuelles de la Compagnie de Jésus.*)

offre aux yeux des dessins d'une grande beauté. Des feux d'artifice poussent dans les airs des gerbes de lumière, des étoiles étincelantes et de brillantes fleurs. « Aussi, dit le Père Bartoli, plus d'une fois, la ville, paraissant tout à coup entourée d'une lueur extraordinaire, on y accourait des campagnes pour éteindre ce qu'on croyait être un incendie. »

Cependant tout cela n'est que le signal de la fête. Bientôt une procession s'avance et parcourt lentement les rues de la ville. Douze cents jeunes gens revêtus des habits les plus magnifiques ouvrent le cortège. Les flambeaux qu'ils ont dans les mains, font ressortir encore plus leur recueillement pieux que les grâces exquises de leur figure. Ils ont été choisis, parmi les jeunes gens les plus distingués pour leur beauté et leur vertu. Marchant doucement deux à deux, au milieu de ces rues qu'éclaire une vive lumière sous la forme gracieuse d'étoiles, de bouquets et de guirlandes, ils se font remarquer par leur attitude religieuse et leur tenue modeste.

Entre les deux rangs formés par cette nombreuse jeunesse, de distance en distance, de grandes statues s'avancent, portées par un groupe d'hommes Chargées de richesses, ces statues du bienheureux produisent un magnifique effet.

L'une représente saint Stanislas habillé en pèlerin et s'enfuyant de Vienne; l'autre le montre au moment où il reçoit la communion des mains d'un ange. Une autre statue s'avance : c'est celle du bienheureux portant dans ses bras le Fils de Dieu, devenu petit enfant. Dans la sainte image qui vient après, on le reconnaît sans peine, défaillant par la trop grande ardeur de son amour pour Dieu; ses compagnons le soutiennent. Dans cette autre statue, il est représenté sur son lit de mort et la sainte Vierge semble venir le chercher pour l'emmener au ciel.

Des musiciens, avec leurs instruments harmonieux, attendent dans les carrefours et sur les places publiques ces statues ainsi portées en triomphe, afin de les saluer à leur passage, par de joyeuses symphonies. Le peuple nombreux qui suit la procession chante en accords des cantiques en l'honneur du bienheureux Stanislas.

Quand le pieux cortège rencontre une église, tout le monde s'arrête, et ceux qui peuvent entrer dans le lieu saint, se mettent un instant à genoux tandis que des hymnes se font entendre et qu'on célèbre la gloire du héros de la fête. Puis la procession reprend sa marche. Les heures s'écoulant rapidement, au milieu de l'émotion générale, amènent bientôt le milieu de la nuit. C'est à ce moment qu'un orateur prend la parole, et raconte dans une église destinée à ce pieux exercice, les vertus et les miracles de saint Stanislas; et la procession se termine, au milieu du plus profond recueillement.

Quand le jour paraît, la fête prend un nouvel éclat. Les autels sont entourés par les fidèles, qui viennent en foule recevoir le Pain eucharistique; et l'affluence est si considérable, qu'au dire des historiens, c'est comme une seconde Pâque de l'année. Rien n'est touchant comme de voir les habitants des campagnes arriver à la ville, en habits de fête, et faire pour cela trente ou quarante milles. « La messe solennelle, dit le Père Bartoli, est bien propre à faire couler les larmes de la plus douce consolation. » Les magistrats, les palatins, qui ont quitté leurs châteaux pour assister à la solennité, prosternés la face contre terre, devant l'autel du bienheureux, prient avec une admirable ferveur. Le roi, la reine et leur cour prennent part à ces démonstrations pieuses envers Stanislas, à Varsovie ou dans les autres villes qui leur servent de résidence. « Enfin, ajoute le Père Bartoli, ces honneurs rendus au glorieux saint ne finissent point avec le jour; mais la solennité se prolonge durant toute l'octave avec la même splendeur. »

C'est ainsi que la Pologne voulut fêter son bienheureux Stanislas, quand elle eut reçu de Paul V l'autorisation de lui rendre un culte public.

CHAPITRE VIII

Comment la Pologne et l'Italie sollicitèrent la canonisation de saint Stanislas.

Ces honneurs exceptionnels, décernés à Stanislas ne satisfaisaient pas encore la Pologne et l'Italie. Le vœu des deux nations était que le Pape ceignît de suite la tête de leur saint bien-aimé de l'auréole de la canonisation. De là des instances nouvelles auprès du Saint-Siège. Jamais peut-être des cris d'amour plus nombreux ne retentirent autour de la chaire de saint Pierre; et le représentant de Jésus-Christ ne se vit jamais presser par des supplications plus touchantes et plus imposantes. Assurément, ce sera pour tous les siècles un beau spectacle que celui de deux nobles nations qui se lèvent, comme un seul homme, pour prier le vicaire de Dieu d'inscrire au catalogue des saints un simple enfant, auquel elles disent hautement devoir une éternelle reconnaissance.

A mesure que des miracles éclatants opérés par le bienheureux faisaient désirer davantage aux fidèles de voir leur bienfaiteur de plus en plus solennellement honoré, le clergé polonais, tenait soigneusement le Saint-Siège au courant de ces dispositions; et il avait pris, d'un concert unanime, la résolution de promouvoir auprès des papes, par tous les moyens qu'il pourrait employer, une cause qui avait des sympathies si vives partout. Plusieurs fois donc rassemblé en synode, le noble clergé renouvela avec enthousiasme cette résolution qui lui faisait tant d'honneur; et il mit en effet tout en œuvre, pour disposer le pape à accorder la canonisation.

Des motifs puissants portaient aussi les Pères de la Compagnie de Jésus à solliciter cette grâce du Souverain Pontife. Ils apprenaient chaque jour que la gloire du bienheureux se répandait, jusque dans les contrées les plus reculées, et des lettres sur ce sujet arrivaient souvent des extrémités du monde au Père Aquaviva. Le saint général de la Compagnie, les ouvrant, lisait avec émotion les prières qui lui étaient adressées par les habitants de ces lointains pays, dans le but de le porter à s'occuper de la canonisation de Stanislas. On lui écrivait de l'Amérique, de l'Afrique, et du fond de l'Asie, ainsi que le Père Sckarga en fait foi : « J'ai entre les mains, dit ce célèbre religieux, des lettres dans lesquelles trois de nos provinciaux, celui du Brésil, celui du Mexique dans les Indes occidentales, et celui de Goa dans les Indes orientales, représentent de la manière la plus énergique au général Aquaviva, qu'au jugement de ceux qui habitent ces plages lointaines, on doit rendre à ce saint jeune homme le culte le plus solennel que reçoivent les serviteurs de Dieu : qu'en conséquence, ils le prient instamment de faire tout ce qui sera en son pouvoir, pour lui obtenir les honneurs de la canonisation. Et déjà, en ces extrémités du monde, sa fête annuelle se célèbre avec autant de dévotion que de joie. » Des instances aussi pressantes impressionnaient les Pères Jésuites et les décidaient à présenter au Souverain Pontife les désirs de tant de peuples.

Le roi Sigismond III suivait depuis longtemps, avec intérêt, ce mouvement des esprits. Quoiqu'il fût occupé dans une guerre qui semblait devoir absorber toute sa sollicitude, il ne négligea pas d'écrire lui-même au Pape, pour le supplier de ne pas faire attendre plus longtemps le décret de canonisation. Constance, son illustre épouse, fit une lettre très touchante. Le prince Ladislas, leur fils, écrivit aussi de son côté. Paul V daigna répondre aux trois augustes intercesseurs, et dans les brefs [1] qu'il leur adressa, il donna à Stanislas le titre de bienheureux. Voici la lettre du Souverain Pontife au prince Ladislas [2]:

« Nous avons lu vos dépêches avec le plaisir

[1] On trouve ces trois brefs dans le *Procès de Cracovie*, page 202.

[2] Ea cum voluptate legimus tuas litteras qua pater ex unici dilecti filii sui litteris solet. Vidimus siquidem in illis expressas virtutes tuas, regia plane stirpe dignas, quibus exprimis eximiam parentum tuorum pietatem; et catholicæ religionis studium imitaris, dum eos, qui in hoc sæculo,

qu'éprouve un père en recevant la lettre d'un fils unique, cher à son cœur. Nous y avons vu le témoignage des vertus qui vous rendent le digne rejeton d'une tige royale, et qui font briller en vous l'image de la piété paternelle. Vous imitez le zèle religieux de ceux à qui vous devez le jour, lorsque vous marquez tant d'empressement pour honorer d'un culte public les serviteurs de Dieu, qui ont vécu en odeur de sainteté. C'est pour cela que vous nous priez instamment de mettre au nombre des saints le bienheureux Stanislas Kostka. Nous rendons grâce à Dieu de ce qu'il vous inspire, au milieu du tumulte des armes, et dans les embarras de la grande guerre que vous avez sur les bras, de penser et de donner des soins empres-

cum sanctitatis opinione vixerunt, præcipua veneratione coli tam ardenter exoptas. Atque ideo nos enixe rogas, ut servum Dei beatum Stanislaum Kostkam, sanctorum catalogo adscribere velimus : ac proinde, gratias agimus Deo, quod te tanto bello occupatum, inter armorum strepitus, ea quæ ad suam gloriam, et servorum suorum honorem pertinent et cogitare et sollicite curare faciat, etc.

Datum 2 nov. anno 1618.

sés à ce qui intéresse sa gloire et l'honneur de ses serviteurs. »

On sait avec quelle sage lenteur le Saint-Siège procède toujours dans ces sortes d'affaires. Cinquante années s'étaient écoulées depuis la mort du bienheureux, et l'Église, qui assurément ne voyait pas sans attendrissement presque tout l'univers déjà aux pieds de Stanislas, ne pouvait cependant se rendre aux instances des fidèles demant l'exaltation du serviteur de Dieu. Les honneurs que, jusqu'ici, elle avait daigné lui accorder, n'avaient été qu'une suite de faveurs et de privilèges, et il n'était sur les autels que parce qu'en considération du tendre amour que les peuples lui portaient, elle avait bien voulu déroger aux lois établies, et permettre par exception un culte, qu'elle n'avait pas coutume d'accorder sitôt. L'Église jugea donc en cette circonstance qu'il était prudent d'attendre, et c'est ce qui fit que la cause du bienheureux resta pendante encore plusieurs années.

CHAPITRE IX

Récits de quelque miracles touchants opérés par saint Stanislas.

Nous n'avons fait jusqu'ici le récit d'aucun miracle accompli par saint Stanislas. L'abondance des matières nous obligeait à ne rien dire que ce qui était absolument nécessaire. Les miracles étaient, ce semble, suffisamment indiqués par les monuments innombrables que la reconnaissance des peuples entassait chaque jour sur son tombeau. La Pologne, la France, l'Italie à genoux devant un simple enfant, était un fait qui ne pouvait s'appuyer que sur de grands prodiges opérés par le Seigneur en considération de Stanislas. Les souverains

Pontifes, convaincus de la vérité de ces miracles, avaient cru devoir accorder à la piété et aux instances vives des peuples et des rois, la béatification de ce grand serviteur de Dieu ; et cet insigne honneur, ils n'avaient pu le lui décerner que par dispense et par privilège.

Ces raisons nous exemptaient de raconter tout d'abord les miracles qui attirèrent au bienheureux la confiance et la vénération de tous. Le récit de quelques-uns de ces prodiges pourra maintenant reposer un peu l'esprit et le cœur du lecteur.

Stanislas montra toujours une compassion pleine de tendresse pour la douleur cruelle des pauvres parents qui voient leurs enfants chéris menacés par la mort. Avec une condescendance touchante il écoutait leurs prières et les exauçait souvent.

Il y avait à Ticzin un enfant de deux ans qui, des pieds à la tête, était couvert de boutons, de pustules et d'ulcères. Ces plaies répandaient autour de lui une odeur infecte. L'humeur sortait avec abondance par toutes les parties de son corps ; il en vomissait même par la bouche. En ce triste état, le pauvre enfant ressemblait plutôt à un monstre qu'à une créature humaine. Une fièvre ardente le consumait, et ses malheureux parents s'attendaient à le voir mourir à chaque instant. Des Pères de la Compagnie de Jésus annonçaient alors la parole sainte dans ce pays. L'un d'eux eut la pensée de conseiller à la mère de recommander ce petit infortuné au bienheureux Stanislas. La pauvre femme accueillit avec joie la proposition du religieux, et porta son enfant mourant à l'église. Elle le tint sur ses bras, durant le saint sacrifice de la messe qu'on célébrait à son intention, et supplia avec une grande ferveur le bienheureux Stanislas de jeter un regard de compassion sur le petit innocent. Le Père jésuite, après avoir terminé la messe, bénit l'enfant; et, le rendant à sa mère, il lui dit d'espérer beaucoup. La mère revint à la maison, où la plus délicieuse surprise l'attendait: en déposant son fils dans le berceau, elle trouve qu'il est guéri [1]. Les boutons ont disparu, les plaies sont fermées, et le corps est sain et vermeil. L'enfant, n'éprouvant plus de

[1] In instanti, ex tunc, tanquam e somno experrectus surrexit. *Proc. de Leop.*, I page 49.

vomissements, demande lui-même à manger. Le lendemain, sa mère le ramenait à l'église, au grand étonnement de tout le peuple, pour remercier le bienheureux Stanislas.

Voici un autre fait non moins admirable [1].

Une femme de Varsovie avait deux enfants malades. L'un, nommé Paul, était dévoré par la fièvre depuis plusieurs semaines; l'autre, qui s'appelait Jacques, avait la langue et les jambes paralysées. Ce petit enfant, âgé seulement de trois ans, faisait pitié à voir. Christiana, affligée comme une mère l'est naturellement dans une épreuve si douloureuse, était elle-même tombée malade. Inquiète surtout au sujet de Paul, que la fièvre menaçait d'enlever à chaque instant, elle ne savait plus que pleurer. On l'exhorta à mettre cet enfant désespéré entre les mains des médecins. Mais une inspiration du Ciel était tout à coup descendue dans le cœur de la pauvre mère. Elle s'écria avec un accent de foi admirable : « Il n'y a pas que Paul qui soit à plaindre. Nous sommes ici trois malades.

[1] *Proc. de Posen*, page 401.

Connaissez-vous un médecin qui puisse, par sa seule volonté, nous guérir tous? Vous ne le trouverez ni à Varsovie, ni dans tout le monde. Eh bien! je le trouverai, moi, dans le ciel, et ce sera le bienheureux Stanislas. »

Aussitôt, malgré son état de grossesse et de maladie, elle s'arracha de son lit, et se traîna, avec courage, dans l'église des Pères de la Compagnie de Jésus, où saint Stanislas avait un autel. « Saint Stanislas, lui dit-elle en pleurant, vous voyez devant vous une mère bien malheureuse. J'ai un enfant infirme; j'en ai un autre qui va mourir, et moi je suis dans de grandes souffrances. Guérissez-nous tous les trois. Ce miracle ne coûtera ni à votre puissance ni à votre cœur si tendre pour les malheureux. » Christiana s'arrêta un instant, et elle allait poursuivre, quand, se sentant guérie, elle n'eut plus que des larmes de joie à répandre aux pieds de son bienfaiteur. Tandis qu'elle retournait à la maison, elle vit accourir au-devant d'elle son petit enfant paralytique; l'émotion la saisit quand elle s'entend appeler par lui, et surtout quand derrière lui s'avance l'autre enfant que la fièvre avait réduit à l'extrémité, et qui ne se sentait plus de son mal. La mère, ivre de joie, prend par la main ses deux enfants et retourne à l'église qu'elle venait de quitter, afin de remercier saint Stanislas.

Une noble dame [1], de la maison de Sarnouki, avait sa fille malade depuis quatre ans. On ne pourrait dire toutes les larmes que cette chère enfant lui avait coûtées. Mais la pauvre mère n'était pas encore arrivée au comble de l'affliction. Les soins les plus empressés des médecins n'avaient pu empêcher le mal d'augmenter de jour en jour; le corps de l'enfant s'était peu à peu enflé, et l'humeur sortait par plusieurs plaies affreuses. La mère vit bien qu'il fallait faire à Dieu le sacrifice de cette fille chérie. Un jour, une dame de ses connaissances vint la voir, et, touchée de son affliction, elle lui parla du bienheureux Stanislas, et de la bonté avec laquelle souvent il avait rendu à des mères désolées leurs enfants qui allaient mourir. Cette femme sent aussitôt la confiance

[1] *Proc.* 1 *Léopol*, page 141.

naître dans son cœur, et, sans vouloir attendre davantage, elle se rend à Léopol, dans l'église des Pères Jésuites, avec sa pauvre fille, qu'elle fait porter, car elle veut la mettre sous les yeux du saint, afin, dit-elle, de lui faire plus pitié. Cette enfant, qui ressemblait à un cadavre, était donc là, devant l'autel du bienheureux, et on priait pour elle. Les yeux de la mère éplorée ne se détachaient de dessus l'image de saint Stanislas que pour se porter sur la jeune fille presque évanouie. Quelle ne fut pas son émotion quand elle vit la figure de cette enfant chérie se ranimer tout à coup, les couleurs lui revenir, l'enflure disparaître! Bientôt la jeune malade se relève et vient se mettre à genou auprès de sa mère, qui n'en peut croire ses yeux. Toutes deux confondent ensemble leurs larmes de bonheur; et, après avoir remercié le saint d'un si grand prodige, elles reviennent ensemble au château.

Stanislas, sensible aux angoisses des parents que la maladie de leurs enfants jette dans la consternation, se plaisait encore à sécher les larmes de ceux qui les avaient perdus.

Un enfant du bourg de Victozonica [1], nommé André Zacrodka, tomba dans une fosse profonde. On le retira de l'eau inanimé et on remit le petit cadavre entre les bras de sa mère. L'enfant avait toutes les marques d'un noyé. Son corps était horriblement noir ; ses mâchoires étaient tellement serrées l'une contre l'autre, qu'on ne pouvait les détacher, quoiqu'on y employât la force. Un des paysans qui se trouvait là, ayant pris un instrument de fer pour lui ouvrir la bouche, ne réussit qu'à lui déchirer les lèvres. Il ne coula pas une seule goutte de sang. On voulait mettre l'enfant dans le cercueil, mais sa mère refusait de se détacher de lui. Au moment où on allait le lui arracher de force, la pauvre femme étend ses mains en haut, et regardant le ciel avec des yeux suppliants : « Bienheureux Stanislas, s'écrie-t-elle, rends-moi mon enfant; je ne serai point ingrate envers toi; le premier argent que ce petit garçon gagnera, si tu me le ressuscites, je l'emploierai à acheter un beau cierge, pour le faire brûler en

[1] *Procès de Prémisl.*, page 259.

ton honneur. » Elle n'avait pas encore fini de parler, que son fils, ouvrant doucement les yeux, se mit à l'embrasser tendrement et lui dit: « Ne pleure plus, ma mère ! » Tous les voisins de cette femme, qui étaient présents dans la maison, n'en pouvaient croire leurs yeux. On vint de bien loin pour voir l'enfant, et ce miracle fut longtemps l'objet des conversations. Quand le petit garçon passait dans les rues, on le montrait au doigt et on disait: « Voilà un enfant que saint Stanislas a ressuscité. » Lorsque cet enfant fut en âge de travailler et qu'il gagna son premier argent, comme il était pauvre, il acheta un cierge de douze sous, et alla le porter avec sa mère à l'autel de saint Stanislas.

Le bienheureux, qui trouvait si touchante l'affliction d'un père ou d'une mère pleurant leur fils bien-aimé, et qui faisait des miracles pour les consoler, écoutait avec non moins de sensibilité les prières que lui adressaient une sœur pour sa sœur, un mari pour sa femme.

Suzanne Borocwiczowa raconte ainsi la guérison miraculeuse de sa sœur[1] : « Ma sœur Antonia, atteinte d'une maladie mortelle, avait été abandonnée par les médecins. On avait jugé à propos de lui donner les derniers sacrements, et sa mort était imminente. Moi qui ne pouvais me faire à la pensée qu'il fallait perdre cette sœur chérie, je voulus lui donner un remède d'un grand prix que je m'étais procuré, espérant toujours pouvoir la sauver. Les médecins me déclarèrent que ce remède était inutile. Désolée, je pensai alors que Dieu seul pouvait me conserver mon Antonia. Je pris néanmoins le médicament, après avoir supplié saint Stanislas de le bénir; et je dis à ma sœur : « Je vous porte un remède que le bienheureux Stanislas vous envoie lui-même du ciel. Prenez-le avec une grande foi, et espérez dans l'efficacité de l'intercession de ce saint jeune homme. » Antonia se rendit à mes désirs, et ayant pris le remède, elle s'endormit aussitôt, ce qu'elle n'avait pu faire depuis longtemps. Quand elle s'éveilla, elle me dit : « Ma sœur, un jeune homme merveil-

[1] *Proc. de Léopol*, page 184.

leusement beau s'est montré à moi ; il m'a enlevé mon mal, et m'a laissée guérie, comme je sens que je le suis. » « C'est donc, lui dis-je, le bienheureux Stanislas à qui je vous ai recommandée, c'est lui que nous devons remercier. En effet, Antonia était guérie, et elle vécut encore cinq années. »

Nicolas Szule, habitant de Léopol[1], voyait avec douleur sa femme malade à l'extrémité. Ayant entendu dire au médecin qu'elle allait mourir, cet homme désolé courut se jeter aux pieds du bienheureux Stanislas. Tandis qu'il entendait la messe, il vit l'angélique jeune homme à genoux devant un personnage plein de majesté. « Consolez-vous, lui dit Stanislas en se tournant de son côté, Catherine, votre femme, vivra, et Dieu vous bénira l'un et l'autre. » Tandis que Nicolas se réjouissait des paroles qu'il venait d'entendre, sa femme était aussi consolée par une vision. Saint Stanislas lui apparaissait et lui disait : « Soyez sans crainte ; vous ne mourrez pas. » Un instant après les deux époux remerciaient ensemble le bienheureux ; car

[1] 1er *Proc. de Léopol*, page 73.

la femme, complètement remise de sa maladie, avait pu quitter le lit. Son frère, qui était médecin, arriva sur ces entrefaites: « Je m'attendais bien à vous trouver hors du lit, s'écria-t-il, mais non autre part que dans le cercueil. »

Les pauvres étaient toujours assurés de trouver auprès de Stanislas un accueil plein de bonté, et pour eux le doux saint aimait à accomplir des miracles où éclataient sa condescendance et le tendre intérêt qu'il portait à leur infortune. Un pauvre domestique eut [1] une attaque d'apoplexie qui rendit son corps extraordinairement difforme. Peu à peu cependant ses membres se rétablirent dans leur position naturelle, mais son visage demeura contrefait. Il avait les yeux et la bouche tournés de travers; sa lèvre inférieure était pendante et descendait sur son menton. On ne pouvait entendre qu'avec beaucoup de peine ce qu'il disait, tant sa langue était embarrassée. Tous les moyens furent employés pour faire disparaître cette difformité repoussante, mais sans résultat.

[1] *Proc. de Cracovie*, page 127.

Le pauvre homme voyait bien qu'il ne pourrait conserver sa place de domestique avec ce défaut considérable, qui le rendait pour tout le monde un objet d'horreur; et il s'affligeait à la pensée qu'il allait bientôt être sans ressources. Toute espérance de guérison étant perdue pour lui sur la terre, il résolut de s'adresser à saint Stanislas. Dans ce but il se rendit à Lublin, et pria longtemps devant l'image du bienheureux. Sa figure se remit peu à peu; ses traits prirent une forme agréable, et sa langue se délia. Absorbé dans sa prière, il ne s'apercevait pas de ce changement. Au moment où le bon serviteur se releva pour sortir du sanctuaire, surpris et attendri de s'entendre lui-même prononcer distinctement les dernières paroles qu'il adressait au bienheureux, il vit qu'il était exaucé, et put reprendre aussitôt son service.

On se complaît à retracer ces beaux miracles qui montrent le fond du cœur de Stanislas. Si le court espace de temps qu'il passa sur la terre ne permit pas d'apprécier complètement sa bonté, les miracles qu'il fit au ciel sont bien de nature à nous la révéler tout entière. « Ces prodiges, fait observer avec beaucoup de vérité le Père Pouget, sont presque tous marqués au coin d'une charité, d'une bonté d'âme, d'une prévenance, nous dirons même d'une délicatesse qui inspirent pour le jeune saint la plus tendre affection, comme la plus vive confiance. Il se montre partout si attentif à écouter les prières de ses clients, si facile à les présenter à Dieu et à la sainte Vierge, si puissant pour en obtenir l'heureux succès, qu'il semble, après son décès, exercer une véritable mission de bienfaisance et suppléer, pour ainsi dire, par là à ce que la brièveté de sa carrière mortelle et la vie cachée qu'il a constamment menée sur la terre, l'ont empêché de faire pour le bien de ses semblables. »

CHAPITRE X

Comment saint Stanislas sauva la Pologne à la journée de Chocim.

Stanislas était au ciel depuis cinquante ans, et il ne cessait d'avoir les yeux ouverts avec une vive sollicitude sur son pays. Prenant toujours part à ses épreuves et s'intéressant à ses destinées, il va montrer, à l'heure du danger, qu'il se fait un bonheur de venir le secourir.

C'était en 1621. Deux armées se trouvaient en présence : d'un côté soixante-dix mille Polonais, commandés par Ladislas, le fils du roi ; de l'autre, neuf cent mille hommes, dont trois cent mille Turcs, et six cent mille barbares, conduits par le jeune empereur Osman. L'Europe, que l'écrasement de la Pologne par cette masse immense de Turcs exposait à tous les malheurs, se prit à trembler.

Dans une situation aussi désespérée, la Pologne et son roi se jetèrent aux pieds de saint Stanislas et lui dirent avec une confiance naïve : « Nous comptons sur vous, et pour inspirer aux soldats un courage indomptable, et pour suppléer à leur infériorité numérique, qui est si grande.» En même temps que cette prière solennelle était adressée au bienheureux, on faisait la demande, à Rome, d'une de ses reliques insignes. Le Père Mutius Vitelleschi, général de la Compagnie de Jésus, ne crut pas pouvoir refuser à ce peuple en détresse ce qu'il désirait. La tête de saint Stanislas fut extraite du tombeau, placée dans un reliquaire d'or très fin, artistement ciselé, et couronnée avec des diamants et des pierreries. L'évêque Grockoroski, ayant reçu le précieux dépôt, prit tout de suite le chemin de la Pologne.

La lutte sanglante allait commencer. En face de l'armée turque, les troupes polonaises n'apparaissaient que comme une poignée d'hommes; et on dit qu'à leur vue Osman éprouva un vif dépit. La victoire trop facile sur laquelle il comptait ne pouvait lui faire grand honneur. Cependant, en trois combats successifs, il est obligé de lâcher pied ; mais il revient constamment à la charge, et tue aux Polonais leurs meilleurs chefs, parmi lesquels le héros Chodkievic.

Enfin, le 10 octobre, au matin, la bataille décisive s'engagea. Tandis que le sultan se montrait plein de fierté à la tête de ses troupes, le prince Ladislas, très malade, quittait son lit, malgré les médecins, et se faisait porter en litière sur le champ de bataille. On le vit, surtout durant les premières heures du combat, dans les endroits où sa présence lui semblait nécessaire pour ranimer ses soldats, que les Turcs faisaient plier. Il fit accomplir à ceux de sa garde des prodiges de valeur, et à force d'énergie il contraignit l'ennemi à reculer. L'armée ottomane se battit longtemps avec la fureur du désespoir ; mais comme elle avait à lutter contre une force mystérieuse qui résidait évidemment ailleurs que dans la bravoure des Polonais, elle ne pouvait tenir longtemps. Aussi, honteusement taillée en pièces, elle prit la fuite et se replia sur la Turquie, « après avoir, dit un historien [1], jonché de ses cadavres les provinces que, dans son fol orgueil, elle avait regardées comme une proie facile et le début de ses triomphes. »

A l'instant même où l'ennemi, fuyant l'épée dans le dos, sortait du territoire de la Pologne, le chef sacré de saint Stanislas y entrait. Dieu voulut ainsi que le bienheureux eût tout l'honneur d'un triomphe que ses prières seules avaient obtenu. Enfin, par un dernier effet de sa bonté envers Stanislas, le Seigneur s'expliqua tout à fait e révéla que la victoire était véritablement l'œuvre du saint enfant de la Pologne.

Durant la nuit qui précéda la dernière bataille, le Père Nicolas Oborski, à Caliz, eut un songe admirable. Au milieu des airs, il vit comme un chemin formé de gerbes de lumières. Un char d'étoiles d'une clarté éblouissante parcourait cette

[1] Le Père d'Orléans.

voie de l'occident à l'orient, traîné par deux chevaux d'une merveilleuse blancheur. Sur ce char était assise une femme d'une beauté céleste ayant un enfant dans ses bras. Près d'elle, à genoux, un jeune homme priait. Au milieu des rayons qui les entourent et qui éclairent d'une splendeur divine leurs traits pleins de douceur, le Père tout ravi reconnaît facilement la sainte Vierge et l'enfant Jésus, et son cœur ému devine que le jeune homme qui se tient si pieusement à genoux et qui ressemble à un ange est le bienheureux Stanislas. Ses yeux se mouillent de larmes. Et tout à coup la vision s'anime. C'est d'abord saint Stanislas qui se relève et qui regarde avec une grande expression de tendresse l'Enfant Jésus et sa Mère; bientôt le bienheureux abaisse ses deux mains vers la terre, comme pour montrer quelque chose à la sainte Vierge et à son divin Fils. Alors le Père Oborski, suivant des yeux son geste, aperçoit dans la campagne deux armées qui combattent. Il reconnaît les soldats polonais, et comprend que saint Stanislas demande la victoire pour ses compatriotes. Jusque-là Marie et Jésus n'avaient pas fait un mouvement. Mais voilà que l'Enfant se détache du sein de sa Mère, comme pour aller vers saint Stanislas. Par l'expression de son visage et l'attitude de ses bras étendus, il voulait lui dire qu'il avait compris sa prière et qu'il allait l'exaucer.

Le Père Oborski raconta sa vision, et à quelques jours de là, on apprit à Caliz, éloigné de Chocim de plus de cent lieues, que les Polonais avaient remporté sur les Turcs la victoire éclatante dont il s'agit. On reconnut que le combat s'était livré à l'heure même où le Père avait eu la vision mystérieuse. Un tableau représentant le fait tel que nous l'avons raconté fut placé dans l'église de Saint-Adalbert. On vit bientôt cette apparition magnifique orner un grand nombre d'autels. A Cracovie, où elle était représentée, on lisait cette inscription sur le tableau :

« Tandis qu'Osman, empereur des Turcs, était contraint par une grande défaite éprouvée auprès de Chocim, dans la guerre de Transylvanie, de songer à la paix, on vit la glorieuse Mère de Dieu, unique défense du nom chrétien, portée dans les airs sur un char, avec Jésus enfant, venant au secours de la Pologne, et le bienheureux Stanislas Kostka, de la Compagnie de Jésus, lui offrant ses prières pour sa patrie, alors exposée à un danger comme extrême : et tandis que le roi Sigismond, à la tête de tous les ordres de la noblesse, marchait vers le camp des siens, et que l'ennemi, couvert de honte, était obligé de sortir des confins de son royaume, le chef sacré de ce puissant protecteur arrivait d'un autre côté en Pologne, porté par le très illustre et très révéré évêque de Lucéoria, Acace Grockoroski, à qui cette précieuse relique avait été confiée à Rome, par le révéré Père Mutius Vitelleschi, général des jésuites, pour être remise au sérénissime Prince[1]. »

[1] Dum Osmanus, Turcorum imperator, insigni suorum clade, bello ad Chocimum Dacico, adactus de pacis fœdere sanciendo cum Polonis, hæreret ; beatissima Dei Mater unicum christiani nominis propugnaculum, cum infante Jesu rheda invehi conspecta est, præsentem Poloniæ opem allatura, supplicante coram B. Stanislao Kostka Societatis Jesu, pro patria pene extremum tunc periclitante. Jam vero Sigismundo rege, cum universæ nobilitatis ordinibus ad castra sui exercitus procedente, dum hostis inglorius fini-

Le chef sacré de saint Stanislas fut reçu à Varsovie par le roi, avec un pieux enthousiasme. Le monarque voulut extraire lui-même la sainte relique de la cassette où elle avait été renfermée. Après l'avoir découverte, il s'inclina profondément, la couvrit de baisers, puis invita plusieurs Pères de la Compagnie de Jésus qui se trouvaient là, à satisfaire leur dévotion. Enfin, de ses mains royales, il la plaça dans le magnifique reliquaire d'or et de diamants, qu'il avait fait sculpter à cet effet. Le précieux trésor fut déposé dans la chapelle du palais.

Chaque année, quand revenait la fête de saint Stanislas, le roi aimait à entourer d'honneurs la sainte relique. Il allait la prendre dans sa chapelle pour la porter à l'église des Pères Jésuites. Ceux-ci, par un chemin de communication secret qui se trouvait entre le palais et leur maison,

bus excedere cogeretur, eo ipso tempore, sacrum divi hujus tutelaris caput, alia regni parte, in Poloniam, communi omsium solatio inferebatur, per illustrissimum et reverendissimum D. Achacium Grockoroski, episcopum Luceoriensem, Roma ab adm. R. P. Mutio eidem serenissimo transmissum.

venaient à la rencontre du pieux souverain avec des cierges allumés, et le supérieur recevait le chef sacré des mains de Sigismond entouré de sa cour. Une messe accompagnée de chants était célébrée, en présence de la famille royale et de son splendide cortège. Les historiens nous disent que, durant l'année, nulle fête ne voyait une réunion si imposante ni un chœur de musiciens si distingués. On terminait la cérémonie en donnant à baiser le chef sacré à tous les assistants.

Le roi n'oublia jamais ce que la présence de cette précieuse relique dans son palais pouvait lui attirer des faveurs célestes. Toutes les fois qu'il eut quelque guerre à soutenir, on le vit venir fidèlement prier auprès du chef vénéré du protecteur de la Pologne, et il ne partit jamais pour une expédition, sans s'être fait bénir par un prêtre avec cette relique glorieuse.

CHAPITRE XI

Comment plusieurs images de saint Stanislas répandirent des larmes, et comment on vit, à différentes reprises, ces mêmes images changer de couleur et d'expression.

Les saints, au ciel, ainsi qu'on vient de le voir, s'occupent de leur patrie, et quelquefois la sauvent, au moment où tout semble désespéré. Mais quelque bien que ces nobles cœurs puissent vouloir à leur pays, il ne leur est pas toujours possible de détourner les maux que la main de Dieu lui envoie, pour le châtier, quand il refuse de se convertir. Et c'est pour cela que Notre-Seigneur lui-même, qui était venu sauver le monde entier, et sa patrie en particulier, voyant qu'elle ne voulait pas recevoir la paix qu'il lui apportait du ciel, ne put, avec sa toute-puissance qui respecte les volontés, la forcer à accepter ce don, et se prit un jour à pleurer sur Jérusalem : « Si tu connaissais, Jérusalem, ce qui peut te donner la paix... Mais cela est caché à tes yeux. » Nous allons voir saint Stanislas pleurer aussi sur son pays, et après avoir employé les plus signalés bienfaits pour ramener la Pologne à Dieu, mettre comme sa dernière ressource dans ses larmes.

Jean Kuclarz habitait une petite maison située sur la colline qui borne les prairies dont la ville de Lublin est environnée. Tailleur de profession, cet homme gagnait sa vie en travaillant. Il avait une petite fille nommée Reine, qu'il tâchait d'élever dans la crainte du Seigneur, et sa femme secondait ses soins pieux. Le bon Jean aimait Dieu et les saints du ciel de tout son cœur; et il était facile de s'en apercevoir aussitôt qu'on entrait chez lui. On voyait, en effet, les murs de sa maison tout tapissés de tableaux de saints, achetés avec le fruit de ses modestes économies. Ces peintures, plus recommandables sous le rapport de la dévotion que sous celui de l'art, anonnçaient donc les goûts religieux de celui qui en avait ainsi orné sa demeure. Le portrait de saint Stanislas avait naturellement sa place dans ce pieux musée. Au fond du tableau où le bienheureux était représenté, on voyait le nom de Jésus entouré d'une gloire lumineuse; Stanislas fixait avec amour ses yeux sur ce nom sacré et semblait l'adorer.

Le samedi 31 juillet de l'année 1632, tandis que la famille Kuclarz dînait, la petite Reine, placée sous le tableau de saint Stanislas, sentit comme des gouttes d'eau qui lui tombaient sur le cou. Reine tourne aussitôt la tête et se met à regarder en l'air derrière elle, pour savoir d'où vient cette eau. Le tableau de saint Stanislas lui apparaît tout inondé de sueur. « Voyez, s'écrie-t-elle, notre saint qui pleure et sue au point qu'il à tout le visage en eau. » On ne fit pas attention aux paroles de la petite fille : ses parents pensèrent qu'elle voulait plaisanter, comme c'est la coutume des enfants de cet âge.

Quand le soir arriva, Jean Kuclarz alla prendre son repos. Sa femme, occupée à prier, ne s'était pas mise au lit en même temps que lui. En finissant sa longue oraison, elle leva affectueusement les yeux vers l'image de saint Stanislas, et vit avec étonnement des sueurs couler sur la figure du bienheureux. Toute tremblante, elle appelle aussitôt son mari, l'assurant que Reine ne s'était pas trompée, quand elle avait dit, durant le repas, que le saint pleurait. Le bon Jean Kuclarz, entendant sa femme, se prit à rire, et lui répondit en raillant : « Je te laisse libre de rêver, si tu le veux ; pour moi, je dors, car vraiment je serais deux fois plus fou que toi, si j'interrompais mon someil pour écouter le récit de tes visions imaginaires [1]. » Cela dit, Jean se tait et demeure tranquille. Sa femme, qui voit les larmes couler des yeux de saint Stanislas, l'appelle de nouveau et fait tant d'instances, que le tailleur, pour avoir la paix, consent enfin à se lever. Il aperçoit en effet les gouttes de sueur qui coulent sur le tableau.

[1] Quegli, motteggiandola di trasognata, e che percio stravedesse, e ch'egli sarebbe folle il doppio che essa, se per dar mente alle sue fantasie perdesse il sonno, si tacque et non si mosse. (Le Père Bartoli, page 304.)

Afin de mieux se rendre compte d'une chose si étrange, cet homme monte sur la table, une chandelle à la main, et voit les sueurs et les larmes de plus près. Il veut les essuyer, et passant sa main sur la sainte image il se sent mouillé et jette un cri d'effroi. Après avoir contemplé longtemps ce prodige, il alla se coucher, tout préoccupé de ce qu'il venait de voir.

Le lendemain matin, qui était un dimanche, Jean Kuclarz et sa femme déjeunaient ensemble. Le bon tailleur se trouvait cette fois adossé à la muraille, sous le tableau de saint Stanislas. Tandis qu'il mangeait, deux gouttes d'eau lui tombèrent sur le cou. Il se leva vivement et regarda la sainte image en tremblant d'effroi. Elle était encore couverte de sueur, et les larmes s'échappaient une à une des paupières du saint. Il examine attentivement le tableau afin de voir si cette eau ne provient pas de l'humidité : le tableau isolé du mur par le haut était couvert de poussière. Ces gouttes d'eau qui tombaient des yeux de Stanislas ne pouvaient donc être que des larmes ; ému lui-même jusqu'à pleurer, le tailleur se hâte d'aller au collège des Jésuites, afin de raconter aux Pères ce prodige étonnant. Il rencontre le père François Fénici, et lui fait connaître que son image de saint Stanislas répand des larmes. Le Père, qui veut voir de ses yeux cette chose merveilleuse demande aussitôt à Jean de le conduire dans sa maison. Arrivé devant le tableau, il considère attentivement la figure du saint, et voit les larmes couler de ses yeux, rouler sur ses joues, descendre lentement sur son manteau, puis se répandre jusqu'à terre. A ce spectacle le Père Fénici tombe à genoux et adresse au bienheureux une fervente prière.

En moins de quelques heures le bruit de ce prodige se répandit dans toute la ville, et des centaines de personnes accoururent à la maison de Jean Kuclarz. Tout ce qu'il y avait de plus distingué à Lublin voulut être témoin du miracle et put voir à loisir l'eau qui découlait de la face du bienheureux, des rayons qui l'entouraient, et de ses mains. Sur le soir, le Père Fénici, accompagné d'un notaire et de deux magistrats, revint, afin de constater dans les formes ce prodige extraordinaire. Mais il se trouvait qu'alors l'image, qui durant tout le jour avait été baignée de sueurs et de larmes, ne pleurait plus. Le Père se jette à genoux, et supplie le bienheureux de ne pas le priver de la vue de ses larmes, à un moment où il venait reconnaître authentiquement la merveille qui devait tourner à sa gloire. Aussitôt saint Stanislas pleura de nouveau. Les larmes qui scintillèrent alors dans ses yeux étaient de la grosseur d'un noyau de cerise; la première qui tomba de son œil droit avait un éclat si brillant, qu'on l'eût prise volontiers pour une petite étoile entourée de rayons. Plusieurs larmes lumineuses avaient déjà auparavant jailli de ses yeux, et elles ressemblaient, disent les témoins, à des débris de miroir ou de cristal.

Le notaire dressa son procès-verbal, après que le père Fénici eut récité les litanies, et les deux magistrats ainsi que les autres témoins apposèrent sur l'acte leur signature. Le lendemain, la sueur et les larmes coulèrent peu sur la sainte image, et vers le soir, le prodige avait complètement cessé.

On interrogea juridiquement dix-neuf témoins sur ce fait merveilleux. Voici comment le préposé de Zwierzyncn, Albert Buskovio, religieux pré montré, s'expliqua dans sa réponse à l'article vingt-unième [1] :

« L'an 1632, un samedi qui précédait ce dimanche où on lit dans l'évangile : *Jesus videns civitatem flevit super illam*, à Lublin, ville très célèbre par son tribunal des juges du royaume, dans le diocèse de Cracovie, en la maison d'un tailleur, dont je ne me rappelle pas le nom présentement, au faubourg de Czwartek, j'ai vu une image du bienheureux Stanislas peinte sur toile et haute d'une coudée. Le saint était représenté les mains jointes et n'avait que le buste. Cette image vénérable, je l'ai vue pleurer et se couvrir de sueur. La maison était tout entière construite en bois, et ainsi le tableau se trouvait suspendu à une poutre. Un clou attachait au mur le bas du tableau ; le haut qui ne touchait pas au mur était retenu par une petite corde, et se présentait incliné légère-

[1] *Procès de Cracovie*, page 127.

ment vers la table où le tailleur et sa famille avaient l'habitude de prendre leur repas. Le jour où je vis la sainte image pleurer et répandre des sueurs, il ne pleuvait pas : il n'y avait ni brouillard ni vapeurs ; on n'aurait pu trouver dans le ciel un seul nuage. Le temps était beau et parfaitement sec ; dans la maison du tailleur, il n'y avait pas la moindre trace d'humidité. Je parle de la sorte, parce que je mis un soin extrême à examiner et à noter toutes ces particularités. Et assurément, je ne fus pas seul à faire ces observations. Des centaines de personnes remarquèrent chacune des circonstances que je viens de signaler. »

Après avoir raconté comment il fut témoin du prodige, et exposé les précautions minutieuses qu'il prit pour s'assurer que l'illusion était véritablement impossible, le vénérable religieux poursuit en ces termes :

« Dès que j'entendis parler de ce miracle, j'allai en la maison du tailleur avec quelques-uns de mes religieux. (Il nomme les quatre principaux qui l'accompagnaient.) Je trouvai là des bourgeois, des juges, des députés, des nobles. Je vis donc sortir des yeux du bienheureux Stanislas des larmes abondantes, comme ces gouttes d'eau qui tombent d'un toit, quand il pleut. Ces larmes découlaient le long de son visage et plusieurs personnes donnaient leurs mouchoirs pour les essuyer. Jé présentai le mien au Père Fénici de la Compagnie de Jésus, et je vis que, les larmes enlevées, il en coulait toujours de nouvelles, quel que fût celui qui les essuyât. Le peuple là présent élevait la voix et disait hautement : *Sancte Stanislae, ora pro nobis*. Je restai environ deux heures à examiner et à observer cet étonnant prodige. D'autres virent la merveille avant et après moi, car elle dura trois jours. Enfin l'image fut portée au collège de la Compagnie de Jésus. Dans l'appartement où on la déposa il y avait d'autres tableaux ; mais aucun d'eux n'offre rien de semblable. »

Tel est le témoignage que rendit le religieux prémontré en faveur de ce grand miracle. Il ne sera pas inutile d'ajouter que, quand le tableau fut détaché du mur pour être emporté dans la maison des Jésuites, on remarqua que le revers était non seulement très sec, mais couvert de vieille poussière et de toiles d'araignées, comme tout le plafond de la misérable demeure du bon Jean Kuclarz.

Nous avons dit au commencement de ce chapitre quelques mots qui donneront la signification de ce prodige. La Pologne comprit et crut voir en cela l'effet de la vive sollicitude de Stanislas pour son pays. Sans doute le noble royaume était menacé de maux terribles; et saint Stanislas, en apparaissant tout en pleurs aux yeux étonnés de ses compatriotes, prenait un moyen touchant pour les porter à détourner, par leurs prières, la colère du Seigneur.

Le miracle des larmes qu'on venait de voir couler des yeux de saint Stanislas à Lublin devait bientôt se renouveler à Cracovie, dans une église appartenant à la Compagnie de Jésus.

Un portrait du saint envoyé de Rome par Monseigneur Thomas Oborski, évêque de Laodicée, et suffragant de Cracovie, ornait la grande salle où les Pères avaient l'habitude de se réunir. Suspendue à la hauteur de cinq coudées, cette image se trouvait placée entre les tableaux du cardinal Osius et de saint Ignace.

Un jeudi du mois de septembre [1], quarante jours après le miracle de Lublin, la figure de saint Stanislas représentée sur ce tableau parut toute couverte de sueur : les gouttes qui coulaient étaient larges et épaisses. On s'empressa de détacher le portrait de la muraille, et on l'essuya avec soin. Mais la poussière dont il était couvert, aussitôt détrempée d'eau, faisait des taches sur le linge dont on se servait, et la sueur continuait de couler. En quelque lieu qu'on mît le tableau, on ne pouvait arrêter les larmes qui tombaient des yeux du saint. La sueur surtout était abondante ; elle s'échappait tantôt des mains, tantôt de la figure, tantôt de tous ces endroits à la fois. Souvent, de la ceinture du bienheureux au bord du cadre, elle formait trois ou quatre ruisseaux qui coulaient jusqu'à terre. Et, en même temps, le visage de Stanislas s'altérait, ses yeux

[1] *Procès de Cravovic*, page 255.

remuaient', il devenait pâle, abattu, triste; puis la figure prenait tout à coup une expression extraordinaire de douceur, et il était facile de lire sur ses traits, où respirait une tendre émotion, que le bienheureux priait avec de vives instances pour quelqu'un qui lui était cher.

Le peuple put contempler ce prodige pendant plusieurs semaines; et on ne saurait dire l'impression salutaire qu'un tel spectacle produisit sur tout le monde [1]. Assurément il était impor-

[1] Les Polonais étaient accoutumés à trouver dans saint Stanislas un intercesseur très zélé. La magnifique vision dont fut favorisé le père Daniel Bonikowski atteste la sollicitude du bienheureux pour sa patrie. Daniel, religieux de l'ordre des Franciscains, priant une nuit avec ferveur, avait aperçu tout à coup un trône où était assis le Père éternel. Le visage du Seigneur était plein de majesté, mais il avait un aspect sévère et terrible. Autour du trône se tenait, dans l'attitude de l'adoration, un groupe d'anges qui semblaient attendre un signe de Dieu pour aller exécuter les arrêts de sa justice. Le Seigneur, enfin, leur ordonne d'aller frapper la Pologne, coupable de certains crimes qu'il fait connaître à Bonikowski. Les anges étaient sur le point de lancer les foudres de la vengeance divine contre ce malheureux pays, lorsque la sainte Vierge se mettant aux genoux de son Fils, le supplia avec amour d'intercéder auprès du Très-Haut en faveur de la Pologne. « Montrez

tant de constater authentiquement ce fait merveilleux. Aussi des personnes graves vinrent en grand nombre rendre témoignage, lorsqu'on prit des informations à Cracovie, et déclarèrent, sous

à votre Père, lui disait-elle, vos mérites, vos douleurs, vos plaies, et il ne pourra défendre à son cœur de pardonner à ce peuple infortuné. » Jésus accueillit les prières de sa Mère et se rendit aussitôt à ses désirs. Près du trône de Dieu se tenait le bienheureux Stanislas, semblable à ces jeunes gens de famille illustre qui font au roi un cortège d'honneur, il demeurait là en silence, et paraissait saisi d'un respect profond à la vue du Seigneur. La sainte Vierge, après avoir parlé à son Fils, se tourna vers lui : « Serviteur de mon Fils, lui dit-elle, enfant cher à mon cœur, ne veux tu prier aussi pour la Pologne, ta patrie, et pour tes frères ? » Aussitôt les anges vinrent autour du bienheureux et le conduisirent par la main devant le trône de Dieu. Stanislas se mit à genoux, et, prosterné aux pieds du Seigneur, le supplia de ne point s'irriter contre la Pologne. Sa prière fut si affectueuse, que la figure du Seigneur devint tout à coup très douce, et la sentence prononcée contre la Pologne fut révoquée. Alors les anges se partagèrent en deux chœurs et commencèrent à chanter tour à tour les louanges de la miséricorde divine. Et la vision disparut.

Ce récit a été recueilli de la bouche même de Daniel Bonikowski, en l'année 1627, par le père Frédéric Szembek, qui, sur l'ordre du roi Sigismond III, se rendit au couvent des Franciscains de Culm pour prendre des renseignements sur ce fait si glorieux à saint Stanislas.

la foi du serment, avoir vu de leurs yeux ces preuves vivantes de la bonté avec laquelle saint Stanislas s'occupait toujours de sa patrie.

CHAPITRE XII

Comment des ex-voto nombreux attestaient le crédit de saint Stanislas auprès de Dieu.

Tout en s'occupant du bien général de sa patrie, saint Stanislas ne négligeait aucune occasion de secourir ceux qui l'invoquaient. C'est ce qui faisait apporter chaque jour sur ses autels des présents tantôt riches, tantôt gracieux, témoignages authentiques des miracles qu'il semblait véritablement prodiguer.

Quand on vient s'agenouiller dans un sanctuaire renommé pour demander au saint qu'on y vénère quelque faveur vivement désirée, rien ne touche comme les ex-voto qui couvrent les murs de l'enceinte sacrée. On est ému de voir ces cœurs d'or, ces tablettes de marbre, et ces autres dons plus simples en cire, en bois ciselé, offrandes bénies du pauvre, ces béquilles, devenues inutiles au boiteux que le saint a guéri. On sait que chacun de ces objets représente quelque beau miracle; et la statue ou l'image du bienheureux, au milieu de ce touchant cortège de prodiges, inspire à l'âme une vive confiance. Avant même d'avoir fait sa prière, dans l'assurance qu'on a d'être exaucé, on cherche instinctivement la place où on pourra suspendre aussi son ex-voto.

La Pologne, qui se trouvait alors couverte de sanctuaires dédiés à saint Stanislas, offrait aux regards des fidèles de pieuses chapelles toutes tapissées de ces présents sacrés. Au plus petit objet suspendu près de l'image du bienheureux se rattachait toujours une ravissante histoire, et il eût été consolant de connaître les faveurs précieuses que chacun de ces monuments représentait.

Le lecteur aimera sans doute à s'arrêter quelques instants auprès de ces pieux ex-voto.

Ainsi, à Caliz, au milieu des diamants qui brillaient dans le sanctuaire de saint Stanislas, on remarquait une tablette d'argent sur laquelle se trouvait attachée une petite pierre. A celui qui demandait l'explication de cet ex-voto singulier, on racontait avec émotion qu'une jeune enfant de trois ans, nommée Catherine[1], en jouant avec d'autres petites filles de son âge, s'était introduit dans l'oreille un morceau de gravier si gros qu'on ne put jamais l'extraire. Les médecins lui prodiguèrent inutilement leurs soins. Cet accident amena la surdité; et de temps en temps la petite infortunée ressentait des douleurs si aiguës, qu'elle était en proie aux plus pénibles convulsions. Ces accès de douleur devinrent de plus en plus fréquents.

Après avoir passé vingt-sept années dans ce cruel martyre, la pauvre Catherine entendit parler de la bonté avec laquelle Stanislas accueillait les prières de ceux qui souffraient. Elle résolut aussitôt de lui demander la fin de ses

[1] *Procès de Çaliz*, page 54. — *Procès de Prémisl.*, page 48.

maux. Son premier soin fut de se procurer une image du bienheureux; et dès qu'elle sentit ses douleurs se renouveler, elle se mit à genoux et pleura beaucoup devant l'image sacrée. Elle conjurait le saint de la délivrer de ces tortures qui depuis si longtemps faisaient de sa vie un véritable martyre, lui enlevant tout repos et toute joie. Elle lui représentait avec confiance qu'il avait déjà bien des fois exaucé la prière de personnes beaucoup moins malheureuses qu'elle, et qu'il devait être satisfait d'une occasion si favorable de montrer sa tendre compassion envers ceux qui sont dans l'affliction. Et parce que le jour de Noël était proche, elle appréhendait que les spasmes violents que lui causait à chaque instant la douleur ne durassent encore en cette solennité où le chrétien habituellement trouve une si douce joie. C'est ce qui la faisait pleurer à chaudes larmes; et, avec des instances auxquelles il eût été difficile de se montrer insensible, elle suppliait le doux saint de la guérir pour la fête de la naissance de Notre-Seigneur.

Et voilà que, tandis que la douleur qui la torture

donne à sa prière un accent touchant, le bienheureux Stanislas, ému, accorde sans bruit le miracle qui lui est demandé ; la petite pierre, cause de ces violentes souffrances, se détache peu à peu de l'oreille de la pauvre femme, et tombe enfin sur ses vêtements sans lui causer la moindre douleur. Catherine, toute tremblante, prend la pierre dans sa main, se trouble elle-même à la pensée que saint Stanislas vient de la guérir, puis, revenue de son étonnement, elle épanche son âme dans l'action de grâces. C'était cette pierre qu'on voyait enchâssée dans l'argent, parmi les mille autres ex-voto du sanctuaire.

Dans l'église de Cracovie, il y avait aussi des ex-voto magnifiques offerts au bienheureux. On assure que saint Stanislas fit couler dans ce sanctuaire bien des larmes de reconnaissance. Quand on examinait les ex-voto, on en trouvait un auquel se rattachait un souvenir gracieux de la bonté du saint. Une pauvre femme, qui avait beaucoup de peine à gagner sa vie, se trouvait dangereusement malade. Saint Stanislas, invoqué par elle, ne se contenta pas de la guérir. Portant un tendre intérêt à sa misère, il voulut faire pour elle plus que pour d'autres, et vint en personne la consoler. « Le bienheureux, raconte [1] Anne-Thérèse, était d'une beauté au delà de toute comparaison. Il avait le visage rond, plutôt que long, ainsi qu'on le représente toujours dans ses images. Il m'a dit, continue toujours la bonne Anne-Thérèse, que je n'avais pas besoin de m'occuper de ma santé, parce que lui-même en prendrait un grand soin. » Et aussitôt après cette belle vision la pauvre femme s'était trouvée guérie, et avait eu la force de venir sur-le-champ suspendre dans le sanctuaire du bienheureux l'ex-voto dont nous parlons.

A Jaroslaw, parmi tous les objets que la piété reconnaissante avait apportés sur l'autel de saint Stanislas, on remarquait un grand tableau d'argent massif sur lequel était gravée une scène émouvante. On voyait d'abord un fleuve couvert de glace; et, au milieu de ce fleuve, une voiture à demi renversée, dont les chevaux s'engloutissaient dans un abîme de glace entr'ouvert. Deux personnes

[1] *Proc. de Cracovie*, page 170.

paraissaient tomber de la voiture et glisser dans l'eau avec les chevaux.

Voici en détail le miracle dont cette plaque d'argent ciselé devait perpétuer le souvenir : Une dame noble et pieuse, nommée Hedwige Kalenkoricia, se rendait de Grodziska à Jaroslaw. En Pologne, au commencement du printemps, les fleuves sont encore couverts de glace, et des voitures chargées les peuvent traverser sans danger. La voiture de la noble dame s'était donc engagée sur le fleuve Wislok, et les chevaux marchaient tranquillement sur la glace. Mais il se trouva qu'au milieu du courant, là où les eaux sont plus rapides, la glace, moins épaisse que sur les bords, se rompit tout à coup sous les pieds des chevaux, qui s'enfoncèrent dans l'eau avec la voiture. La pieuse dame, qui se sent engloutir, appelle à haute voix saint Stanislas ; et soudain, sans qu'elle pût se rendre compte de la manière dont la chose s'était faite, elle se voit transportée sur le rivage, avec sa suivante, qui était assise à ses côtés dans la voiture. Les deux femmes avaient leurs habits tout détrempés d'eau.

Elles cherchent en vain qui leur a fait ainsi traverser le fleuve ; elles ne trouvent personne. Seulement elles aperçoivent les pauvres chevaux qui s'abîment sous la glace, et la voiture qui les suit lentement dans le gouffre. Le cocher, debout sur les chevaux, a de l'eau jusqu'à la bouche. Hedwige, hors d'elle-même en voyant périr cet infortuné, se jette à genoux sur le rivage, et élevant les bras vers le ciel, elle implore la protection du bienheureux Stanislas. Sa suivante l'imite. « Et voilà tout à coup [1], dit la noble dame, que des hommes viennent, on ne sait d'où, retirent le cocher de l'eau, et ramènent les chevaux et la voiture. A notre grand étonnement et grande consolation, ils mettent tout l'équipage hors de danger, dans un moment où nous avions perdu tout espoir. » Cette pieuse dame, après avoir fait célébrer une messe solennelle à l'autel de saint Stanislas, avait sus-

[1] Et ecce, nescitur unde, aliqui veniunt ex improviso homines, periculoque subveniunt : equos et omnia ab interitu vindicant, præter omnem nostram spem, non sine nostro stupore, et in extremis solatio. *Proc. Prémisl.*, pages 124, 127, 155.

pendu à son image le magnifique ex-voto qui a été décrit tout à l'heure.

A Varsovie, dans la chapelle royale, on voyait suspendu à une image de saint Stanislas par une chaîne d'or un bijou d'un très grand prix. Cet objet précieux venait du roi Ladislas qui voulut attester de cette façon qu'une grâce extraordinaire lui avait été accordée par le bienheureux.

Laissons ici la parole au noble seigneur Stanislas Skarscouski, châtelain de Mologosten et sénateur du royaume : « Le roi Ladislas, mon auguste maître, retournait de Lithuanie en Prusse, vers le duc de Brandebourg, dans le courant de l'année 1622. Je l'accompagnais dans ce voyage. Arrivée sur le territoire d'Augustowo, Sa Majesté commença à ressentir les douleurs de la pierre. Le mal, en un instant s'accrut tellement, qu'il alla tout à coup jusqu'au spasme. Le roi, étendu par terre, avait le visage pâle et presque noir. Sa faiblesse était si grande, qu'il pouvait à peine articuler une parole. Il y avait, parmi les personnes qui faisaient cortège au roi, l'évêque de Prémislie, Alexandre de Trzebinski. Ce pieux prélat, ému de compassion à la vue des cruelles souffrances du prince, s'inclina vers lui et lui dit à l'oreille : « Que Votre Majesté se recommande au bienheureux Stanislas. — Oui, dit le roi, oui, je me recommande à lui. » Aussitôt, il rejeta une pierre aux pointes aiguës dont la grosseur étonna tout le monde. Le malade fut guéri à l'instant, et en reconnaissance de ce bienfait, il offrit au bienheureux un riche présent, qu'il fit suspendre par des chaînes d'or à son image, dans la ville royale de Varsovie [1].

Sur le tombeau de Stanislas, à Saint-André, brillait un cœur d'or, entouré d'émail. L'émail, de couleur noire, formait de capricieuses arabesques, et faisait ressortir sur l'or les lettres en pierreries qui y avaient été incrustées. Les quatre lettres, composées d'une suite de diamants, étincelaient avec une grande beauté. Or ce cœur précieux racontait encore un beau miracle:

Des malheurs arrivés à plusieurs seigneurs de ses parents avaient vivement affecté la duchesse

[1] *Procès de Cracovie*, page 175.

d'Ostrog. Plongée dans une mélancolie dont personne ne pouvait la tirer, cette dame infortunée se consumait lentement de chagrin, et allait à grands pas vers la tombe. Souvent on la trouvait évanouie ; et, dans cet état elle avait toute l'apparence d'une personne que la mort vient de frapper. Ce n'était qu'après avoir épuisé toutes les ressources de l'art qu'on finissait par la faire revenir à elle-même. Deux années passées dans ces cruelles angoisses la réduisirent à une telle faiblesse que son médecin, Jean Sledzcarcoroski, perdit tout espoir de la guérir. Il ne fallait plus que quelques crises pour l'enlever. Le médecin crut prudent d'avertir la fille de la duchesse qu'elle n'allait bientôt plus avoir de mère. Éplorée, la fille accourt auprès du lit de la duchesse. « Ma mère, lui dit-elle, en versant beaucoup de larmes, recommandez-vous au bienheureux Stanislas ; il aime à consoler et à guérir ceux qui souffrent comme vous. »

La noble dame accueillit avec transport les paroles de sa fille, et convint, avec elle, d'envoyer à Rome un magnifique cœur d'or pour honorer le tombeau du bienheureux. « Chose étrange, ou plutôt miraculeuse, dit la duchesse, dans sa déposition ; j'avais à peine fait mon vœu à saint Stanislas, qu'une nouvelle crise me saisit. Une sueur abondante coula sur tous mes membres, et je me sentis soulagée, comme si un poids énorme avait été enlevé de dessus mon corps. Un sommeil réparateur s'empara de moi, et je me mis à dormir paisiblement durant plusieurs heures. Depuis deux ans je ne connaissais plus la douceur du sommeil. Je ne m'éveillai que le matin ; et quand le médecin vint me voir, il montra un grand étonnement; pour tout dire en un mot, il me donna pour une personne ressuscitée. Depuis ce jour, les chagrins et les peines que j'ai essuyés ne me causèrent plus ces vives impressions et ces cruelles angoisses qui avaient mis ma vie en danger. » Ainsi parle la duchesse d'Ostrog dans sa déposition. La joie qu'elle éprouva de sa guérison ne fut égalée que par l'empressement qu'elle mit à envoyer au tombeau de saint Stanislas son précieux ex-voto.

Le sanctuaire que saint Stanislas avait à Léopol n'était pas celui où on voyait un moins grand nombre de présents offerts par la reconnaissance à saint Stanislas. Si, négligeant ceux dont la splendeur éblouissait les regards, vous vous arrêtiez devant les plus modestes, et si vous en désiriez connaître l'histoire, on vous racontait les plus ravissantes choses. Spécialement, en face d'un pauvre ex-voto de simple cire, on vous disait qu'une femme, atteinte depuis quatre ans d'une fièvre tierce, était tombée dans un état d'abattement complet. Elle était devenue hydropique et son corps tout gonflé d'humeurs avait un aspect repoussant. Les médecins, désespérant de la guérir, s'étaient refusés à lui donner plus longtemps leurs soins. Mais, abandonnée des hommes, la pauvre femme avait pensé à se mettre entre les mains de saint Stanislas. Elle s'était fait porter devant son autel dans l'église de la Compagnie de Jésus, elle avait entendu la messe, après laquelle, se sentant tout à coup guérie, elle était retournée seule à sa maison, sans le secours de ceux qui l'avaient amenée. L'ex-voto de cire venait de cette pauvre femme.

Un jour une personne très pieuse avait été chargée d'enlever la poussière qui s'était attachée aux ex-voto de ce sanctuaire béni. En s'acquittant de ce soin, Hedwige Pielanka (c'était le nom de cette sainte fille) se sentit doucement portée à demander à saint Stanislas la guérison de l'ulcère qui depuis longtemps lui dévorait le bras. Jusqu'à ce moment elle avait souffert, avec résignation, cette infirmité qui lui venait de la part de Dieu, et que les médecins n'avaient jamais pu guérir. Tout entière au Seigneur à qui elle avait consacré sa virginité, elle ne s'occupait que des choses du ciel, et pratiquait la patience dans ses maux, n'espérant pas en être jamais délivrée. Mais en prenant dans ses mains chacun des ex-voto pour les essuyer, elle avait eu la pensée que le bienheureux Stanislas, si compatissant envers tant de monde, ne pouvait manquer de se montrer sensible à ses maux. Hedwige résolut donc de l'invoquer. « Refusera-t-il de m'exaucer, se disait-elle, celui qui a accordé toutes les grâces que ces ex-voto représentent ? Et encore, ces tablettes d'argent, ces cœurs d'or n'égalent pas le nombre des bienfaits de saint Stanislas. » Sous l'impression de cette pensée elle va entendre la messe à l'autel du bienheureux, et, au moment de l'élévation, elle conjure saint Stanislas de la guérir. A peine a-t-elle terminé sa prière qu'elle se sent rafraîchie par un souffle mystérieux qui semble venir de l'autel et qui n'a rien de commun avec un courant d'air naturel. Elle éprouve en même temps je ne sais quelle sensation dans tout son corps, et la douleur qu'elle ressentait continuellement au bras disparaît. Elle accourt à la maison pour s'assurer du prodige, et découvrant, au milieu d'un trouble indicible, son bras malade, elle le trouve entièrement sain [1]. Seulement, comme maintes fois les médecins avaient coupé et brûlé les chairs, afin d'arrêter le mal, la place où leurs instruments avaient inutilement passé était marquée, et formait comme des fossettes, attestant ainsi la gravité du mal et la puissance du saint qui l'avait guéri.

[1] *Premier Procès de Léop.*, pages 126, 147, 172, 196.

CHAPITRE XIII

Comment on commença des enquêtes juridiques sur les nouveaux miracles de saint Stanislas, pour sa canonisation.

Les miracles continuels de saint Stanislas tenaient la Pologne et l'Italie dans la plus vive émotion depuis près de soixante ans. Dès l'année 1605, le Saint-Siège avait cru reconnaître dans ces prodiges nombreux la singulière bienveillance du Seigeur pour l'angélique Stanislas, et faisant fléchir en sa faveur les règles établies, il lui avait décerné, à l'applaudissement de tous les peuples, des honneurs exceptionnels.

Toutefois la sagesse divine qui habite dans la personne auguste du vicaire de Jésus-Christ portait les souverains pontifes à ne rien précipiter, et le bienheureux Stanislas n'était pas encore inscrit définitivement au catalogue des saints. Rome enfin donna l'ordre de faire des enquêtes solennelles sur les nouveaux miracles du serviteur de Dieu, afin qu'étant présentées au chef de l'Église on pût, sûrement et selon les règles, procéder à la canonisation. Sous l'autorité des évêques, les hommes les plus graves et les magistrats les plus distingués de la Pologne formèrent des tribunaux devant lesquels des milliers de personnes comparurent. Durant plusieurs années, à Pôsna, à Piaski, à Léopol, à Cracovie, à Prémislie, les juges illustres choisis pour entendre les dépositions des témoins tinrent l'enquête ouverte. Rien n'est intéressant comme la lecture de ces procès authentiques, et souvent l'émotion qui gagne involontairement le cœur oblige à suspendre ce travail plein de douceur.

Vous voyez, par exemple, devant le tribunal de Prémislie, se présenter un homme pauvre avec sa femme et son enfant. Voici ce qu'il vient attester: Cet enfant, à l'âge de trois ans, avait été atteint d'une fièvre ardente. Après avoir passé neuf jours sans rien prendre absolument, il tomba en agonie ; et dans ce déplorable état, sa mère le garda une semaine entière. L'enfant, pâle, desséché et sans force, n'avait plus qu'un souffle. Le père, non moins désolé que la pauvre mère, priait Dieu de mettre fin aux douleurs de son fils et aux siennes, soit en l'appelant tout de suite à lui, soit en le guérissant. Voyant que l'enfant respirait à peine, il fit allumer un cierge bénit, comme c'est la coutume quand quelqu'un va mourir. L'amour paternel se résigne difficilement à croire que l'enfant de sa tendresse est perdu sans retour. C'est pourquoi cet homme, tout en entourant son fils des appareils de la mort, cherchait encore en lui-même les moyens de le sauver.

Il pensa tout à coup à demander sa guérison à saint Stanislas. « Je me prosternai la face contre terre, raconte lui-même le père, et j'offris mon enfant au bienheureux. Je restai environ un quart d'heure à genoux et je pleurai devant son image. Je me relève enfin, incertain si mon enfant vit ou s'il est mort. Je le trouve un peu raminé. Mais cela ne m'enlève pas toute crainte. Vaincu par le sommeil, à cause des longues veilles que j'avais faites auprès du berceau de cet enfant, je m'endormis. En m'éveillant quelques instants après, j'aperçus le petit malade assis sur son lit, bien gai, bien portant et tout à fait guéri. »

Cet homme et cette femme retirés, un prêtre s'avance, c'est l'archidiacre de la ville. Il vient pour attester ce miracle : Son neveu se mourait d'une fièvre pernicieuse. Parmi les médecins qui soignaient ce jeune homme il s'en trouvait un très célèbre, qui avait un talent merveilleux pour juger, d'après les symptômes, de l'état des maladies. Celui-là n'hésita point à déclarer qu'il fallait renoncer à l'espoir de le guérir. Alors l'archidiacre accablé de tristesse vint trouver le Père Maggio, recteur du collège de Jaroslaw, afin de l'engager à faire prier le bienheureux Stanislas pour son neveu infortuné. Le Père, qui voyait le vénérable archidiacre désolé, lui promit qu'à une heure fixée toute la communauté se mettrait en prière devant l'autel de saint Stanislas, pour demander la santé du pauvre malade. Ici, laissons parler l'archidiacre lui-même : « Pour moi qui veillais ce pauvre agonisant et moribond, je prends Dieu à témoin que ce que je dis est la vérité. Mon neveu était dans un tel état que je n'aurais réellement pu dire s'il vivait ou non. Mais à la quinzième heure du jour (chose véritablement très merveilleuse) il revint à lui et s'endormit d'un sommeil paisible et naturel, tel qu'est celui des personnes qui se portent bien ; depuis plusieurs jours et plusieurs nuits il n'avait pas fermé l'œil. Après avoir dormi quelque temps, il se réveilla guéri, à l'heure même où les religieux du collège, à genoux devant l'autel du bienheureux Stanislas, priaient pour lui avec le Père recteur. »

Ainsi parle le prêtre. Un homme lui succède : C'est un pieux ouvrier qui, durant les ravages de la peste, avait courageusement assisté les malades du bourg où il habitait. Cinq de ces infortunés étaient morts dans sa propre maison, et il leur avait donné à tous la sépulture. Pour se décider à braver la mort, en s'acquittant de ces pénibles fonctions, cet homme n'avait eu qu'à consulter la confiance dont son cœur était rempli envers la sainte Vierge et le bienheureux Stanislas. Il s'était dit, dans la simplicité de sa foi, qu'il ne pouvait pas mourir, puisqu'il avait prié la Mère de Dieu et son protecteur bien-aimé de veiller sur ses jours. Il s'était engagé par vœu à s'acquitter de plusieurs bonnes œuvres en leur honneur, s'il échappait au fléau.

Tout en comptant sur le secours du Ciel si pieusement sollicité, le bon Stanislas ne voulait pas tenter la Providence, et comme sa maison était infectée de la peste, il se décida à la quitter et vint habiter une petite cabane qu'il avait construite lui-même dans un lieu où on respirait un air plus pur.

Il eut néanmoins l'imprudence d'emporter de sa maison abandonnée quelques meubles dont il croyait avoir besoin. A peine les eut-il touchés, qu'il fut atteint d'une peste si maligne, qu'en un instant le mal avait fait des progrès affreux. Des tumeurs noires et livides levaient à vue d'œil sur son corps. Un charbon se forma sur sa poitrine, ce qui est regardé comme mortel, à cause du voisinage du cœur. Enfin, au bout de deux jours, le mal pénétra à l'intérieur, et la mort devint inévitable.

Le malheureux éprouvait un vertige continuel; tous les objets lui paraissaient comme enflammés par un feu dont la couleur variait entre le bleu et le jaune, et sa raison se troublait à chaque instant. Dans cet état déplorable, il conserva assez de présence d'esprit pour penser à la sainte Vierge et au bienheureux Stanislas, et les supplier de le guérir. Au moment où il achevait sa prière, il fut saisi par le sommeil. Alors il voit devant lui la Mère de Dieu et près d'elle saint Stanislas. «Lève-toi, lui dit le bienheureux, en le frappant sur l'épaule; lève-toi et ne crains point. Surtout souviens-toi de la promesse que tu as faite à la Mère de Dieu.» A ces mots le malade, éveillé, se lève et se trouve si bien portant, qu'il est presque tenté de prendre pour un rêve les horribles douleurs qui l'avaient conduit aux portes du tombeau.

On comprend facilement qu'on ne peut raconter tous ces prodiges, et pourtant il en est deux qui, parmi ceux qu'on trouve relatés dans le procès de Prémislie, méritent encore d'être cités; en même temps qu'ils ont quelque chose de piquant, ils prouvent combien Dieu s'intéressait à la gloire de saint Stanislas.

Une jeune fille de Jaroslaw, nommée Barbe Dedynska, avait à la langue un mal étrange et fort douloureux. Non seulement elle avait perdu le goût, mais encore elle ne pouvait manger, ni même prononcer une parole sans ressentir des douleurs inouïes. Au bout de dix semaines, sa langue se dessécha, et on craignait que le mal, en augmentant, ne descendît dans la gorge et n'attaquât les parties vitales. Les princesses Anne et Catherine, filles de la duchesse d'Ostrog, émues d'une tendre compassion, firent un vœu en l'honneur de saint Stanislas, pour obtenir sa guérison. Le bienheureux, qui était leur parent, daigna écouter les prières qu'elles lui adressaient avec une si grande confiance. Barbe fut aussitôt guérie [1].

Le tribunal chargé d'instruire la cause du bienheureux Stanislas à Prémislie, manda la jeune

[1] Factum est ut statim convalesceret.

personne pour apprendre de sa bouche le miracle dont elle avait été favorisée. Barbe, fort timide de caractère, n'osa pas se présenter. Mais dès qu'elle eut ainsi refusé de donner son témoignage, sa langue fut attaquée de nouveau du mal si douloureux dont elle avait tant souffert autrefois. Barbe comprit aussitôt par là son ingratitude : se mettant à genoux, elle demanda pardon au saint et lui promit que, si le mal affreux qui dévorait sa langue disparaissait, elle ne manquerait pas de se présenter devant les juges, pour attester ce double prodige. Elle se trouva de nouveau guérie, et les juges enregistrèrent avec joie sa déposition qui fait tant d'honneur au serviteur de Dieu.

Voici l'autre miracle :

Le bienheureux avait comblé de faveurs les religieuses d'un monastère de Jaroslaw. On notifia à l'abbesse de ce couvent que l'autorité ecclésiastique, chargée d'examiner les miracles de saint Stanislas, se présenterait bientôt pour interroger les religieuses, et apprendre de leur bouche le récit des prodiges dont elles avaient été l'objet. Anne Kostczanka, abbesse du monastère, avait craint que la paix dont ses filles jouissaient ne fût troublée par toutes ces enquêtes ; et ce n'était pas avec joie qu'elle avait reçu l'avis de l'arrivée prochaine des juges dans le couvent. Fermement décidée à ne donner audience à aucun des commissaires, après avoir témoigné tout le mécontentement qu'elle éprouvait, l'abbesse finit par dire : « Le bienheureux Stanislas sera bien canonisé sans que le monastère soit mis sens dessus dessous. » Cette parole devait lui coûter cher.

Souffrant, depuis plusieurs années, des affreuses douleurs de la pierre, elle n'avait pas cependant éprouvé jusqu'ici la rigueur du mal dans toute son intensité. Mais à peine eut-elle fait entendre sa réponse si peu respectueuse pour le serviteur de Dieu, qu'elle se vit assaillie de violents spasmes. Les cris que poussait la malheureuse abbesse étaient déchirants. Éplorées, les religieuses accoururent auprès de leur supérieure, et ne purent s'empêcher de voir dans les tortures qu'elle endurait le châtiment du Ciel. Les plus anciennes lui représentèrent donc, avec une délicatesse respectueuse, que peut-être Dieu ne l'approuvait pas de refuser au bienheureux Stanislas le témoignage glorieux que tout le monastère était capable de lui rendre. Accablée par les plus affreuses douleurs, Anne Kostezanka pensa que ses filles pouvaient bien avoir découvert la cause de son mal. Avec une grande facilité, elle se rendit à leur sentiment, essaya de fléchir le Seigneur par des prières humbles, et lui promit que, si elle était bientôt soulagée, elle accueillerait avec reconnaissance les juges dans son monastère, et raconterait tout ce qu'elle savait sur les miracles du bienheureux.

Les religieuses s'unirent à leur mère et firent des vœux en l'honneur de saint Stanislas. Pour que l'indulgente bonté du bienheureux apparût dans un éclat plus touchant, Dieu permit que ces pauvres femmes, inspirées par une simplicité un peu trop grande, missent, dans les prières qu'elles firent pour obtenir la guérison de leur abbesse, des conditions qui, en d'autres circonstances, n'eussent guère été de nature à attirer la grâce du Ciel. Ainsi, les unes disaient : « Nous croirons que le bienheureux Stanislas a guéri notre mère si, dans quelques minutes , elle s'endort d'un profond sommeil. » Les douleurs horribles qui la torturaient ne lui avaient pas permis de fermer l'œil depuis plusieurs jours. « Nous crierons au miracle, disaient les autres, si notre révérende abbesse se trouve guérie à tel endroit des vêpres. » D'autres ne voulaient ajouter foi à l'intervention de saint Stanislas qu'à la condition qu'elle fût en état d'assister ce soir-là même à la procession du très saint Sacrement. Nous nous taisons sur des réserves encore plus extravagantes.

Mais l'angélique Stanislas, avec une douceur qui véritablement ravit, non seulement accorda la guérison de l'abbesse, mais sembla prendre plaisir à se rendre aux désirs de ces femmes si simples. Anne Kostezanka s'endormit tout à coup; elle guérit tandis qu'on chantait les Vêpres, au moment même que les religieuses avaient assigné à saint Stanislas pour faire ce miracle; et, le soir, elle put assister à la procession.

L'abbesse apprit de ses religieuses ces circonstances où l'extrême bonté du saint apparaissait d'une manière si éclatante. Touchée du plus vif regret, elle voulut sans retard faire connaître aux juges qu'elle se repentait d'avoir refusé de rendre témoignage à la puissance de saint Stanislas auprès de Dieu ; et, quelques jours après, le tribunal de Jaroslaw se transportait au monastère de Saint-Nicolas et recueillait sur les lèvres de la supérieure émue le récit de cette singulière aventure.

En compulsant au hasard les procès de Cracovie, vous tombez sur des traits non moins merveilleux : Le célèbre Georges Lubomirski, maréchal de Pologne, naviguait un jour escorté de nombreux vaisseaux. Tout à coup la mer, soulevée par un vent furieux, menaça d'engloutir la flotte. Les navires, poussés avec violence les uns contre les autres, faisaient eau de toute part et s'enfonçaient dans l'abîme. Le maréchal voyait bien que, pour échapper à la mort, il avait besoin du secours du Ciel. Tendrement dévoué à saint Stanislas, il le supplie donc d'arracher au danger les vaisseaux qui ne sont pas encore submergés. Aussitôt le bienheureux se montre à lui. « Vous échapperez au naufrage, dit-il avec bonté, vous et tous ceux qui sont sur votre vaisseau. » Lubomirski fait part à ses soldats des paroles rassurantes qu'il vient d'entendre, et, quoique la tempête redoublât alors de violence, personne ne craignit de périr, puisque saint Stanislas venait d'assurer que l'équipage serait sauvé. La mer, longtemps irritée, finit par reprendre son calme et le vaisseau de Lubomirski put gagner le port.

Il arriva, à l'occasion de ce prodige, un incident plein d'intérêt.

Quelques années après, le maréchal se trouvait à un grand banquet. La conversation tomba sur la la Compagnie de Jésus. Lubomirski prétendit que c'était en vain que les Jésuites regardaient saint Stanislas comme la gloire de leur ordre. Le bienheureux, selon lui, n'avait jamais appartenu à la Compagnie, et c'était une grande erreur de le représenter vêtu en novice. Les peintures qui le montraient en costume de gentilhomme polonais ou de pèlerin se dirigeant vers Rome étaient les seules conformes à la vérité. Le noble maréchal tenait ces propos, sans doute pour complaire à ceux qui l'écoutaient, car on ne peut guère supposer qu'une secrète aversion pour la Compagnie lui eût inspiré ce langage, qu'au fond du cœur il désavouait.

Toutefois, Dieu ne permit pas que cette opinion fût longtemps partagée par l'assemblée, car une dame remplie d'esprit, et qui savait bien que vouloir enlever à Stanislas l'honneur d'appartenir à la Compagnie de Jésus, c'était certainement arracher une fleur à sa couronne, prit la parole et dit à Lubomirski : « Il n'y a personne, Monsieur le maréchal, qui puisse mieux nous dire quelle fut la profession du bienheureux Stanislas, et s'il n'a jamais porté l'habit de novice. Vous l'avez vu au milieu de la tempête. Rappelez-vous donc quel était son vêtement. Dites-nous s'il était habillé en gentilhomme polonais ou en jésuite. » A cette question, toute l'assemblée porta ses yeux sur le maréchal, qui demeura interdit et prouva, par la rougeur qui lui monta au front et par son silence, qu'il avait avancé une chose fausse et que vraiment le bienheureux était un enfant béni de saint Ignace.

Citons un dernier fait attesté devant le tribunal de Posna :

Stanislas Brama était un citoyen distingué de la ville d'Ostrog. Dévoré par la fièvre, et frappé plusieurs fois d'apoplexie, il avait déconcerté toute la science des médecins qui le regardaient comme perdu. Sa femme, le voyant en proie aux angoisses des derniers moments, le quitta un instant pour aller en toute hâte à l'Église le recommander à saint Stanislas.

Ce ne fut pas en vain, car au moment même où, saisi par une crise violente, le moribond allait rendre le dernier soupir, le bienheureux daigna lui apparaître. « Vous ne mourrez pas, lui dit-il, mais rappelez-vous que vous devez être reconnaissant envers Dieu qui vous prolonge la vie. » A ces mots, le malade se sentit guéri et demanda de la nourriture.

La crainte que la relation de choses semblables ne devienne fastidieuse, nous fait fermer, pour le moment, à regret, ce recueil de prodiges. Au reste, dans la suite, nous en citerons d'autres encore ; et notre justification se trouve dans cette pensée bien simple que la gloire du bienheureux le demande, et qu'il est possible que ces pages tombent sous les yeux de personnes affligées par des maux semblables à ceux qui inspiraient tant de compassion à saint Stanislas. En laissant tomber quelques larmes par sympathie pour les douleurs qu'elles comprennent, ces personnes pourront sentir l'espérance naître au fond de leur cœur. Pourquoi saint Stanislas ne ferait-il pas pour elles ce qu'il fit pour tant d'autres avec une si touchante bonté ?

CHAPITRE XIV

Avec quelle piété on vénérait en Pologne l'image de saint Stanislas, et comment Dieu accomplit par elle de beaux prodiges.

Saint Stanislas devenait chaque jour plus populaire en Pologne, et ses images se multipliaient partout. Il ne se trouvait pas de famille qui n'en possédât quelqu'une et ne lui rendît un culte pieux.

Mais c'est dans les églises que le portrait de saint Stanislas apparaissait entouré du plus grand respect. Aussitôt que l'autorité ecclésiastique avait permis de l'exposer publiquement, on semblait avoir pris plaisir à l'orner. Au-dessus de chaque autel qui était consacré au bienheureux, on voyait donc s'épanouir une peinture naïve, pleine d'innocence et de grâce, qui le représentait dans quelque grande circonstance de sa vie : quand il reçut la communion de la main des anges, ou bien quand il rendit le dernier soupir. On le trouvait encore représenté tout ému de bonheur et d'amour, au moment où la sainte Vierge lui apparaissait, enveloppée dans une draperie blanche étoilée d'or.

Et ces saintes images, peu à peu des mains reconnaissantes les avaient décorées : on n'en trouvait point qui ne fussent couronnées de pierres précieuses, ou recouvertes de vêtements magnifiques. Plusieurs même étaient revêtues de manteaux richement brodés qui, attachés sur la poitrine avec des agrafes de diamants ajoutaient un admirable éclat aux rayons de gloire dont le tableau se trouvait environné.

L'aimable saint, qui, mendiant son pain, s'était revêtu jadis d'une tunique de toile, retrouvait alors la splendeur : chaînes d'or, manteaux étincelants, rien ne lui manquait. Ainsi Dieu le récompensait de son amour pour la pauvreté. Qu'eût donc dit à cette vue le vieux sénateur, son père, s'il eût vécu, lui qui, faisant à cet angélique enfant un crime d'aimer les opprobres sacrés de l'indigence, lui avait écritces mots : « Au lieu des chaînes d'or et des vêtements précieux que je te préparais, je te garde des chaînes de fer »

Ces saintes images n'étaient pas seulement entourées de la vénération des hommes ; décorées par tout ce que la terre avait de plus riche et de plus beau, elles étaient l'objet de la sollicitude de Dieu, qui daigna souvent les arracher miraculeusement aux flammes.

Un jour, les Moscovites et les Cosaques, qui ravageaient le pays de Nowara, mirent le feu à l'église. Le bienheureux Stanislas avait une image vénérée dans ce sanctuaire. Tandis que l'édifice sacré, envahi par les flammes, offrait aux yeux le spectacle d'un effroyable embrasement, l'image sainte, respectée par le feu, conservait toute sa beauté. On ne put traverser l'immense foyer pour la retirer, et il fallut attendre que l'église fût consumée tout entière. On alla alors la chercher au milieu d'un monceau de cendres. Tous les autres tableaux de l'église ayant été brûlés, celui du bienheureux fut trouvé intact et sans aucune altération.

Une autre fois le feu ayant pris dans le bourg de Piaski, faisait un ravage effroyable. Poussé par un vent violent, de maison en maison, il s'était avancé, sans qu'on pût l'arrêter, jusqu'à l'église, et déjà il en dévorait le toit. Mais ces flammes furieuses n'allèrent pas plus loin et s'éteignirent tout à coup devant l'image de saint Stanislas qu'on vénérait dans ce sanctuaire. Les habitants de Piaski attestèrent en outre que, au moment où les flammes s'élevant allaient embraser l'église, le bienheureux Stanislas s'était montré à leurs regards, et avait étouffé le feu en étendant la main au-dessus, ce dont rendit aussi témoignage le seigneur du lieu, quoique hérétique arien. Il demanda seulement qu'on ne fît pas mention de sa croyance dans les actes publics, et qu'on se contentât de dire en général qu'il n'était point catholique.

Vénérées des hommes, protégées par la main de Dieu, ces images du bienheureux Stanislas avaient un dernier prestige, celui des miracles qui s'opéraient à chaque instant devant elles. Nous ne parlerons pas des miliers d'âmes qui se sentirent portées à l'amour de Dieu et des choses célestes, à la vue du portrait du saint jeune homme, ni de celles en qui la ravissante douceur des traits de l'angélique Stanislas a fait tout à coup fleurir, comme par enchantement, la pureté. Ce sont les plus beaux rayons de la gloire du saint.

Mais ces rayons ne brillent maintenant qu'aux yeux de Dieu, et aussi aux yeux des âmes heureuses qui ont expérimenté, par elles-mêmes, le charme magique et irrésistible de cette image qui semble être la peinture de la vertu. Le père Pascal s'écrie avec admiration : « A la vue de ces images vénérées, ceux qui sont vertueux se sentent enflammés d'amour pour Dieu ; les pécheurs éprouvent du regret et détestent leurs vices ; chacun y trouve des motifs touchants pour avancer dans le bien ou pour se retirer du mal [1]. » Ces miracles de la grâce divine ne pouvant pas être racontés,

[1] Il virtuoso si sente infiammato alla virtu ; il vizioso si sente incitato all'odio del vizio ; in queste imagini rappresentati gli eroïsmi di santita, ritrova il cuore di ognuno incitamento, o a ritrarsi dal male, o ad avanzarsi nel bene.

citons simplement quelques prodiges opérés en faveur des corps par le moyen de la sainte image.

Voici ce que raconte Martin Nicanor Anczeouski, médecin du roi : « Je suis redevable à l'image de saint Stanislas d'un grand nombre de faveurs ; et je reconnais que souvent j'ai été sauvé par elle de bien des dangers. Je la portais toujours avec moi. Une fois, elle me préserva miraculeusement de la mort. Obligé de me rendre dans une ville où des affaires très pressantes m'appelaient, je poussais mes chevaux à toute vitesse. La voiture vint à verser, et l'équipage roula tout à coup au fond d'un précipice placé sur le bord du chemin. Tout fut brisé contre les pointes des rochers ; seul j'échappai sain et sauf à ce désastre, et n'eus pas la moindre blessure. J'avais eu soin, en voyant les chevaux emportés par la voiture dans le précipice, de serrer contre mon cœur mon image de saint Stanislas, et d'invoquer le bienheureux avec une tendre confiance. C'est lui qui me préserva de la mort en cette circonstance, et j'invitai tout le monde à m'aider à lui témoigner toute la reconnaissance dont sa bonté envers moi le rendait digne [1]. »

Une pauvre veuve déjà bien âgée éprouvait, depuis plusieurs mois, de grandes douleurs dans la tête. Au milieu de ses souffrances, sa vue s'était peu à peu affaiblie, et l'infortunée Justine était devenue complètement aveugle. Elle demeura six mois dans cet état désolant, et l'espérance qu'elle avait eue d'abord de guérir s'évanouit bientôt. Triste et découragée, elle pleurait son malheur, car elle était sans soutien. « J'ai tort, se dit-elle un jour à elle même, de me décourager. Saint Stanislas me guérira. »

Avec une foi vive elle se rend à l'église, et à genoux devant son image, elle lui offre, dit gracieusement le Père Bartoli, au lieu de prières, pour ses pauvres yeux qui ne voient plus, les pleurs qui coulent de ces mêmes yeux ; et, assurée d'être exaucée, avant que le saint l'ait guérie, elle lui offre un ex-voto de cire. Tandis que, après avoir communié elle implore la compassion du

[1] *Proc. de Léopol*, page 238.

bienheureux, quelque chose comme un voile noir tombe de ses yeux, et son regard devenu clair et limpide rencontre tout d'abord l'image bénie de saint Stanislas exposée sur l'autel. « Aussitôt, ajoute le Père Bartoli, les larmes recommencent à couler, mais ces larmes-là étaient toutes de joie pure et de bonheur. » Justine Geldzin put retourner chez elle seule, et n'eut plus besoin de guide pour aller où elle voulut [1].

Matthieu Zudziejouski avait passé quelques années à Rome, durant sa jeunesse. Une de ses joies les plus douces alors était de prier auprès du tombeau de saint Stanislas. Quand il lui avait fallu quitter la Ville éternelle pour revenir en Pologne, il ne s'était consolé de ne plus pouvoir visiter la tombe de son angélique compatriote, qu'en emportant dans son cœur une tendre piété envers lui. Il s'était procuré son image et la conservait avec soin comme un objet très précieux.

Matthieu Zudziejouski devint plus tard préposé de Ckoczko. Tandis qu'il exerçait cette fonction,

[1] *Proc. de Bug.*, page 28.

il fut atteint de paralysie. Toute la moitié de son corps était sans mouvement. Désireux de guérir, Matthieu s'était fait transporter dans la maison d'un médecin luthérien, afin de pouvoir recevoir ses soins avec plus d'assiduité. Mais le mal était sans remède, et le pauvre infirme finit par n'en plus douter, car un autre médecin très célèbre qu'il avait fait venir de fort loin, lui déclara qu'il ne guérirait jamais. La maladie s'aggrava, et Matthieu Zudziejouski n'avait plus que quelques jours à vivre quand prenant avec foi l'image de saint Stanislas, il dit au bienheureux: « Si vous me guérissez, je vous consacrerai cette vie dont je vous serai redevable. »

Saint Stanislas entendit sa prière. Lui apparaissant tout à coup pendant son sommeil, il lui dit: « Quittez au plus vite la maison que vous habitez; car si vous y demeurez vous ne tarderez pas à mourir [1]. »

Le malade comprit par là qu'il avait eu tort de venir habiter dans une maison d'hérétique; et

[1] *Procès de Calis* p. 61,

aussitôt que le jour parut, il se fit transporter ailleurs. Tandis que, encore sous le coup de sa vision de la nuit, il regardait avec attendrissement l'image du bienheureux et demeurait frappé de la ressemblance de cette peinture avec saint Stanislas, il sentit peu à peu la vie revenir dans ses membres paralysés, et en quelques jours, il recouvra une parfaite santé.

CHAPITRE XV

Du prodige qui eut lieu à l'ouverture des enquêtes juridiques à Caliz, et de quelques miracles qui s'y trouvent relatés.

Les enquêtes juridiques sur la sainteté et les miracles du bienheureux Stanislas Kotska devaient s'ouvrir à Caliz, le 5 juillet 1628. Martin Kobuski, chargé de dresser les actes de la procédure, en sa qualité de notaire apostolique, se trouvait dans l'impossibilité de remplir ses fonctions, quand le jour désigné arriva. Une maladie grave l'avait réduit, peu de temps avant, à l'extrémité. En ce moment, quoique hors de danger, il était d'une faiblesse extrême, et ne pouvait se lever. Sa main était incapable de se remuer pour écrire même une seule lettre, et sa tête fatiguée ne lui permettait pas la plus légère application.

Dans les circonstances où on se trouvait, l'infirmité de Martin Kobuski pouvait devenir préjudiciable à la procédure. La peste sévissait aux environs de Caliz, et les juges ainsi que les commissaires apostoliques, venus de très loin pour instruire le procès, avaient hâte de quitter la ville, avant qu'elle ne fût envahie par le fléau qui approchait de jour en jour. Ils ne pouvaient guère attendre le rétablissement de la santé du notaire apostolique, sans exposer leur vie ; et, dans le cas où, se retirant, ils auraient eu le dessein de revenir plus tard, quand la peste ne régnerait plus, ils couraient le risque de ne plus trouver, à leur retour, les témoins des prodiges qu'ils avaient mission de constater, si, durant leur absence, ces témoins devenaient victimes du cruel fléau.

On s'efforça de faire comprendre ces graves inconvénients à Martin Kobuski. Le pauvre malade, accablé de faiblesse, ne répondait qu'en hochant la tête en signe de découragement aux prières qu'on lui faisait d'essayer au moins d'écrire quelques lignes. « Vous voyez bien que je ne le puis pas, » s'écriait-il tristement. Et il essayait en même temps de remuer sa main, mais ses efforts étaient inutiles. Chacun pouvait comprendre qu'il disait vrai.

Cependant le procurateur de la cause, Jean Thomas Jeoroski, ne pensa pas qu'il fallait se désespérer. « S'il est impossible au malade de dresser l'acte du procès, s'écria-t-il, il faut prier pour lui saint Stanislas ; hâtons-nous de le faire, les forces vont lui revenir. » L'église collégiale où la séance devait se tenir n'était pas éloignée de la maison de Martin Kobuski. On décida le malade à se lever et à s'y rendre, l'assurant que saint Stanislas allait faire un miracle en sa faveur. Appuyé sur les bras de ses amis, et chancelant à chaque pas qu'il faisait, Martin Kobuski se traîna jusqu'à l'église. Ceux qui le suivaient étaient effrayés de la pâleur de sa figure, et s'attendaient à le voir tomber en défaillance. On l'aurait plutôt pris pour un cadavre que l'on portait en terre que pour un homme vivant, disent les témoins. Les efforts qu'il avait dû faire pour parcourir le trajet avaient tellement augmenté sa faiblesse qu'il perdit le sentiment en entrant au tribunal. On l'approcha évanoui de la table, et on lui mit une plume dans la main. « Je ne puis écrire, ne le voyez-vous pas bien ? » s'écria-t-il d'une voix éteinte, en revenant à lui. Et parlant ainsi, il essaya de tracer ces premiers mots par lesquels commence toujours l'enquête : *In nomine Domini.*

La plume du pauvre malade se heurtait à chaque instant contre le papier, et la main lui tremblait avec tant de violence que les juges finirent par perdre courage. « Il est clair que je ne puis réellement pas remplir cet office, » dit de nouveau le notaire ; et, voulant leur montrer son impuissance, il essaya de tracer quelques lettres. Tout à coup, à son grand étonnement, il sentit sa main se raffermir ; une vigueur soudaine le ranima tout entier, et il écrivit sans aucune peine tout ce qu'il voulut. Plein de reconnaissance pour le bienheureux Stanislas, qui, de demi-mort qu'il était, avait daigné le rappeler à un état de santé parfaite, il enregistra, avec une joie facile à comprendre, tous les témoignages qu'on lui apporta sur les prodiges accomplis par son doux bienfaiteur. Il conduisit son œuvre à bonne fin, et ne se ressentit plus jamais de cette infirmité qui avait failli le faire descendre dans la tombe.

La procédure de Caliz fut ainsi un miracle vivant, et, sous ce rapport, elle offre sans doute un intérêt et un charme particuliers. C'est pourquoi nous cédons volontiers au plaisir d'ouvrir au hasard quelques pages de cette enquête, pour les mettre sous les yeux du lecteur.

A la page cinquantième, on trouve le récit d'une apparition de saint Stanislas à un noble Polonais appelé Stanislas Trapezinski. Martin Kobuski écrivit sous la dictée de Trapezinski lui-même, qui raconte ce miracle en ces termes :

« Il y a cinq ans, vers la fin du mois de juillet, je tombai malade. L'infirmité étant grave et longue, je fus bientôt accablé de faiblesse, et je reçus les derniers sacrements pour me préparer à la mort. Je conservais l'usage de mes facultés, et n'étais nullement endormi, quand je vis apparaître au pied de mon lit un fantôme, un démon à l'aspect effroyable. Le lit s'agitait et tremblait sous moi, à mesure que l'esprit malin s'approchait. Le monstre, se penchant vers moi, me dit: « Tu mourras, et je t'aurai avec moi dans l'enfer. » En voyant l'épouvantable spectre et en entendant ses affreuses paroles, glacé d'effroi, je me mis à faire le signe de la croix et à invoquer, les uns après les autres, tous mes protecteurs, la bienheureuse Vierge Marie, le martyr saint Stanislas et le bienheureux Kostka. Je n'eus pas plus tôt fait ma prière à ce dernier, que je le vis au côté droit de mon lit. Il était revêtu de l'habit de la Compagnie de Jésus. J'étais parfaitement éveillé ; je le vis et l'entendis me consoler par ces paroles : «Ne craignez point : vous guérirez ; en attendant, appelez à votre aide la très sainte Trinité et la divine Vierge. » A ces mots, il disparut. Pour moi, après avoir fait ce que le bienheureux Stanislas m'avait recommandé, je racontai tont ce qui m'était arrivé à ma femme, au respectable curé de la paroisse et à plusieurs autres personnes. En même temps, je sentis mon état s'améliorer si rapidement, qu'au bout d'une heure je me levai aussi bien portant que je le suis aujourd'hui. »

On trouve dans ce même recueil le récit d'un autre beau prodige, écrit encore par le notaire apostolique sous la dictée d'un jeune homme de Caliz, à qui la chose arriva.

Jean Brechfa appartenait à une famille distinguée de Caliz. Ce jeune homme avait été pris d'une fièvre maligne, et le mal s'aggravant de jour en jour, ses parents désolés se résignaient à le céder à Dieu, puisque le Seigneur exigeait d'eux ce cruel sacrifice. On avait, par bonheur, suggéré au pauvre agonisant la pensée d'invoquer le bienheureux Stanislas, et le secours de l'angélique saint ne s'était pas fait attendre. Le malade avait guéri contre l'espérance des médecins.

Plusieurs années s'écoulèrent ; et oubliant la faveur qu'il avait reçue de saint Stanislas, le jeune homme ne pensa pas à se rendre au tribunal, quand on dressa à Caliz le procès des miracles opérés par le bienheureux. L'enquête touchait à son terme, lorsque, une nuit, Jean Brechfa vit en songe un vieillard plein de majesté et vêtu de blanc. Ce vieillard, le regardant d'un air sévère, lui parla ainsi : « Tu as oublié que tu vis grâce au bienheureux Stanislas ! Et dans une circonstance où tu devrais ouvrir la bouche, tu restes muet. Tu parais ne point connaître ce saint, et ne rien lui devoir ! » Le jeune homme tremblait de tous ses membres en entendant ces reproches. Le vieillard le rassura avec bonté et lui indiqua comment il devait s'y prendre pour réparer sa faute, et aller attester le miracle que saint Stanislas avait opéré en sa faveur.

Dès le lendemain, Jean Brechfa accourut au tribunal; le notaire apostolique reçut sa déposition, enregistra le double prodige ; et à la page soixante-cinquième, on lit ces paroles mêmes du jeune homme : « Vers la fête de la Pentecôte, je tombai malade d'une fièvre maligne, avec petéchies pestilentielles et dysenterie. Les médecins ne tardèrent pas à voir que ma mort était assurée, et j'entrai bientôt en agonie. Le père Jacques Surétécio, de la Compagnie de Jésus, informé de l'état déplorable où j'étais, vint me visiter. J'avais déjà perdu la parole, et mes yeux vitrés ne voyaient plus. Le Père s'approche de mon oreille, et élevant la voix : « Recommandez-vous, me dit-il, au bienheureux Stanislas, le mieux que vous pourrez, et serrez-moi la main en signe que vous le faites. » J'avais encore un peu de connaissance, et je compris les paroles du Père. Je lui serrai la main et priai en même temps saint Stanislas. Et aussitôt je sentis quelque chose se rompre en moi ; c'était comme si un vase de terre se fût brisé [1]. Ensuite je vis auprès de mon lit la Vierge très sainte avec son divin Fils sur les bras. Le bienheureux Stanislas Kostka se tenait à quelques pas d'elle à genoux, et semblait absorbé dans la prière. Bientôt, se tournant vers moi, il me dit : « Voulez-vous être guéri ? » Je lui répondis : « Oui. » Et c'est la première parole que je proférai. Ensuite j'essayai de parler encore, et

[1] *Aliquid intra me ruptum sensi, ac si vas testaceum frangeretur.* Un autre personnage distingué, qui était là présent, atteste qu'on entendit, en effet, quelque chose se rompre dans l'intérieur de son corps. *Subito quidpiam intra viscera ipsius, cum aliquo strepitu, ruptum est.*

soudain ranimé, je pus raconter à tous ceux qui entouraient mon lit la belle vision dont je venais d'être favorisé. »

CHAPITRE XVI

Comment saint Stanislas préserva de la peste le bourg de Piaski, et comment il ressuscita un enfant.

Depuis le 8 juillet 1629 jusqu'au 13 novembre 1630, c'est-à-dire durant l'espace de seize mois, la peste ravagea continuellement la Pologne, l'Italie, et plusieurs autres contrées de l'Europe. Tous les yeux se tournèrent alors vers saint Stanislas, comme instinctivement, nous dit un vieil historien, et un concert unanime de prières s'éleva vers le saint jeune homme dans la gloire, pour obtenir sa protection contre le terrible fléau. Plusieurs se trouvèrent si bien de l'avoir invoqué, que la plus grande confiance anima tous les cœurs. Des milliers d'individus, attaqués de la contagion, avec tous les symptômes d'une mort prochaine, se recommandaient à lui, s'engageant par vœu à lui présenter quelque offrande. D'autres, fermement assurés que le bienheureux ne pouvait pas voir leur malheur sans être attendri, se contentaient de lui adresser une humble prière; enfin, beaucoup, pour guérir, avaient la dévotion d'appliquer sur les tumeurs ou sur les charbons dont leur peau était couverte, des débris de fleurs qui avaient reposé sur son autel. Et saint Stanislas semblait se faire un doux plaisir de venir en aide à tous ces infortunés et de les guérir: aucun n'était délaissé par lui.

C'est ainsi que la confiance des habitants de Piaski en saint Stanislas fut admirablement récompensée. Ils avaient appris que dans la ville de Lublin, non éloignée de leur bourg, le bienheureux avait accordé une foule de faveurs et guéri de nombreux malades. Menacés de la peste, leur première pensée avait été de se réfugier aux pieds de ce grand ami de Dieu, et de lui confier la garde de leurs vies. Dans ce pieux dessein, ils allèrent demander avec instance qu'on leur donnât, pour quelque temps, la vénérable image de saint Stanislas que l'église de Lublin conservait et près de laquelle tant de prodiges s'accomplissaient chaque jour. La noble cité ne crut pas devoir refuser à ces infortunés que la mort menaçait si cruellement l'objet sacré dont ils attendaient leur salut; et le bourg de Piaski vint au-devant de l'image vénérée. Cette population, qui se croyait sauvée par cela seul qu'elle avait au milieu d'elle le portrait de saint Stanislas, éclatait en cris de joie et de triomphe, et l'ivresse du bonheur avait pris la place du désespoir.

La terre de Piaski fut en effet sauvée comme elle s'y était attendue, et ses habitants virent bien qu'ils n'avaient pas trop présumé de la bonté et de la puissance de saint Stanislas. Pleins de reconnaissance pour leur bienfaiteur, l'année suivante, ils attestèrent publiquement que le bienheureux les avait préservés de la peste. Voici ce qu'on lit à ce sujet dans l'introduction aux procédures qui furent dressées, à Piaski, par le doyen de Lublin et par plusieurs autres ecclésiastiques délégués à cet effet :

« Les témoins cités viennent, tant du territoire de Piaski que de ses environs, déposer sous la foi du serment touchant la vérité des bienfaits reçus de Dieu par l'intercession du bienheureux Stanislas Kostka, de la Compagnie de Jésus. Le 8 juillet de l'année dernière, 1629, on porta de Lublin, avec une grande pompe et au milieu d'une multitude considérable une image du bienheureux Stanislas dans l'église de Piaski. Les miracles qui ont été jusqu'à présent opérés par le moyen de cette image sont tellement nombreux, que si, autrefois, durant de longues années, Dieu et ses saints ont été outragés par les blasphèmes des ariens, des calvinistes et d'une foule d'autres hérétiques ; s'ils ont été tournés en dérision et en moquerie par la langue sacrilège de ces impies, maintenant, on peut dire, à la vue de tant de prodiges accordés par Dieu aux prières du bienheureux Stanislas, que ce Dieu tout-puissant, subsistant en trois personnes, qui fait éclater sa gloire dans les saints, est reconnu, béni et glorifié. » Dans cette enquête faite à Piaski on trouve quatre vingt-dix-neuf miracles relatés, dont la plupart sont des guérisons de pestiférés.

Pendant que saint Stanislas se montrait si bienveillant envers les habitants de Piaski, il ne refusait pas son secours à la ville de Lublin, menacée du cruel fléau. Le 8 janvier 1631, la cité produisait ce beau témoignage de sa pieuse reconnaissance :

« Nous, Jean Vazinski, proconsul, et (ici suivent tous les noms des personnages nombreux qui composent la magistrature), reconnaissons devant Dieu que, par l'intercession du bienheureux Stanislas Kostka, de la Compagnie de Jésus, sous la protection et le patronage duquel notre ville s'est placée, cette année et l'année dernière, d'un concert unanime, abandonnant à sa sollicitude notre sort et notre vie, nous et notre ville avons jusqu'à présent été préservés de la mort et de la peste, quoique, partout au dehors, et même sous nos murs, la contagion ait exercé ses ravages. Et, pour attester que notre cité reconnaît devoir son salut à la protection du bienheureux Stanislas, nous avons, dans notre reconnaissance, offert et suspendu une lampe d'argent devant son image, dans l'église des Pères de la Compagnie de Jésus. C'est ce que nous attestons, ce huitième jour de janvier de l'année 1631. »

La cité, quelques mois auparavant, avait été profondément émue par un miracle du premier ordre.

Une pauvre femme des environs de Lublin avait envoyé son petit garçon chercher une cruche d'eau à la fontaine. Elle préparait pendant ce temps-là le souper de son mari, ouvrier maçon, qui allait arriver, sa journée étant terminée. Le petit Stanislas, heureux d'obéir à sa mère, était parti avec la cruche et avait parcouru, en quelques minutes, la distance qui se trouvait entre la maison de ses parents et le puits. Au bout d'une demi-heure, l'enfant n'était pas encore de retour. La mère, inquiète, sortit alors de sa maison pour aller à la rencontre de Stanislas. Elle ne le trouve point. Son cœur est saisi tout à coup à la pensée que peut-être le pauvre enfant, en inclinant sa cruche pour avoir de l'eau, s'est laissé glisser dans le puits.

Toute tremblante, elle approche du bord, et aperçoit à fleur d'eau son petit Stanislas sans vie. Elle pousse un cri navrant, et les voisins, qui accourent, tirent l'enfant de l'eau.

A la vue de son corps livide et presque noir, ils veulent emmener la mère, pour lui arracher de dessous les yeux ce cruel spectacle. Mais la pauvre femme ne pouvait consentir à s'éloigner de son fils; et, par mille moyens, aidée des personnes qui étaient là, elle essayait de le rappeler à la vie, en s'efforçant de faire sortir l'eau de son corps, gonflé comme une outre, et en cherchant à desserrer ses mâchoires avec des instruments de bois et de fer.

Durant une heure on fit donc tout ce qu'on put imaginer pour ranimer l'enfant. On lui appliqua des linges chauds, on le frictionna, on employa des remèdes violents; mais on ne put obtenir autre chose qu'une certitude de plus en plus grande qu'il avait cessé de vivre. La mère finit donc par perdre tout espoir; et, découragée, elle donna des larmes à son pauvre enfant ravi si cruellement à sa tendresse.

Un jeune écolier qui allait à Lublin, attiré par

la foule dont la mère éperdue était entourée, s'approcha de l'enfant noyé. Il dit alors avec une naïve et touchante douceur à la pauvre mère : « Pourquoi n'offrez-vous pas votre Stanislas au bienheureux Stanislas Kostka, qui est si puissant auprès de Dieu et qui fait tant de grâces à qui l'invoque avec confiance? » La mère éprouve un profond tressaillement en entendant cet enfant qui lui parle. Pleine d'une vive confiance, elle se jette à genoux, et pleurant et tremblant, elle s'écrie : « Secourez, bienheureux Stanislas Kostka, secourez une pauvre mère! »

La douleur de cette femme avait rendu si éloquent ce cri de confiance parti de son cœur, que le bienheureux Stanislas, n'y pouvant sans doute résister, l'exauça sur-le-champ. Elle avait donc à peine dit ces mots, qu'à travers les larmes qui coulaient de ses yeux, elle voyait le petit enfant se remuer. Elle se relève et lui parle. L'enfant se relève et lui répond. Le lendemain, à Lublin, l'enfant et la mère pleuraient de bonheur devant l'image du bienheureux, et le remerciaient d'une résurrection si merveilleuse.

La ville de Lublin voulut donner à ce prodige toute l'authenticité et l'éclat possibles, et le soumit à l'examen de la noble assemblée qui résidait dans son sein. Cette assemblée, formée de personnages distingués, venus de toutes les provinces de la Pologne, avait mission de juger les causes du royaume. Elle fut donc convoquée le 15 juillet. Des préposés, des doyens, des chanoines, des dignitaires de diverses églises, trois secrétaires du roi, quatre palatins et d'autres hommes recommandables, au nombre de vingt-neuf, composaient le tribunal.

En présence de ces hauts personnages, huit témoins oculaires furent successivement interrogés. On leur enjoignit de répondre, sous la foi du serment, à treize questions particulières qui tendaient à établir tout ce qui était nécessaire, pour mettre le fait suffisamment en relief. Trois médecins, dont un catholique et deux luthériens, écoutaient les dépositons. A ces trois médecins[1], appe-

[1] Consulto ad id vocatis mandaverunt serio (judices) ut pro conscientia, non vero ullo respectu humano, quid tam ex professione sua medica, quam ex præfatis præfatorum

lés spécialement pour le fait en question, les juges ordonnèrent de déclarer, en conscience, et sans aucune vue humaine, ce que, tant d'après leurs connaissances que d'après les dépositions des témoins, ils pensaient, jugeaient et décidaient au sujet du petit Stanislas. Christophe Falenki, Vincent Lescoviez et Samuel Makoroski assurèrent que l'enfant étoit véritablement mort, et qu'il était ressuscité. Christophe Falenki, catholique fort éclairé, n'hésita pas à attribuer ce miracle à saint Stanislas. Les deux luthériens se contentèrent de dire que la résurrection de cet enfant était un miracle de la toute-puissance de Dieu; la secte à laquelle ils appartenaient ayant rejeté l'invocation des saints, ils ne voulaient pas admettre l'intercession du bienheureux. Ces trois médecins donnèrent ensuite par écrit ce témoignage et établirent avec plus d'étendue les raisons qui, en rendant indubitable la mort de l'enfant, faisaient éclater le prodige de sa résurrection.

testium depositionibus et attestationibus, quibus præsentes interfuerunt, de hujusmodi puero, etc... sentiant, dijudicent ac decernant.

Enfin, le président de l'assemblée, après plusieurs heures d'interrogatoire, ayant requis les juges de donner leur sentiment les uns après les autres, le miracle fut reconnu à l'unanimité. Voici en quels termes le tribunal formula sa pensée [1] : « Les dépositions des témoins, la décision et les attestations des médecins ayant été produites, entendues, pesées, examinées, nous tous ensemble, et chacun de nous en particulier inscrits au commencement et à la fin de cet acte, juges du tribunal suprême, parmi lesquels quelques-uns ont vu de leurs yeux la profondeur du puits et sa distance

[1] Quibus, tam testium depositionibus, quam medicorum judicio et attestationibus, prolatis, auditis et trutinatis, expensisque, nos quoque omnes et singuli, supra et infra scripti, generalium judiciorum et tribunalitiorum judices, quidam oculati testes profunditatis putei ei distantiæ loci a puteo, non aliter etiam, quam, quod prædictus puer, non naturaliter sed divinitus, supernaturaliter et miraculose a Deo, per intercessionem beati Stanislai Kostkæ, ex antiqua et præclarissima in regno Poloniæ Kostkarum prosapia regnique Poloniæ patroni, cui ab afflicta matre suppliciter oblatus erat, ad vitam pristinam a morte redierit, sentiendum imo et credendum, testamur Deum trinum et unum, in sanctis suis mirabilem.

de la maison de l'enfant, nous attestons, devant le Dieu qui est un en trois personnes et qui fait éclater sa gloire dans ses saints, qu'on doit penser et croire que cet enfant est revenu de la mort à la vie, non pas naturellement, mais par une vertu divine, surnaturellement et miraculeusement, par l'intercession du bienheureux Stanislas Kostka, issu de l'antique et très illustre famille des Kostka, et patron du royaume de Pologne, après lui avoir été humblement offert par sa mère affligée. »

Dans la suite de l'acte, les juges comparent saint Stanislas Kostka à saint Stanislas martyr, évêque de Cracovie, qui obtint de Dieu par ses prières la résurrection momentanée d'un homme mort depuis quelque temps. Tous les membres de l'assemblée opposèrent leurs signatures à cette pièce, qui fut munie du grand sceau de la cour suprême.

CHAPITRE XVII

Comment saint Stanislas vint au secours de Prémislie assiégée par les Cosaques

Bogdan Kmielniski, soldat de fortune, avait été élevé, par sa valeur, jusqu'à la charge de général des troupes que l'Ukraine était obligée d'entretenir au service de la Pologne. Il crut se frayer un chemin vers la gloire en portant à la révolte les Cosaques qu'il commandait. Comptant donc sur un renfort que les Tartares lui avaient promis, il s'était retiré avec ses soldats dans les îles du Borysthène. La Pologne alors était loin de penser qu'un ennemi formidable la menaçait ; et le roi, ignorant les préparatifs des Cosaques, s'occupait à armer ses troupes pour une guerre étrangère. Le général des Cosaques, qui voyait les Polonais sans défiance, faisait des recrues dans l'Ukraine et augmentait de jour en jour son armée. Enfin, jugeant le moment venu, il leva hautement l'étendard de la révolte et commença les hostilités. On ne crut pas d'abord que le danger fût sérieux, et cinq ou six mille hommes seulement furent envoyés dans les îles du Borysthène, pour arrêter l'ennemi.

En présence des cent cinquante mille hommes dont se composait l'armée de Kmielniski, les Polonais furent effrayés et voulurent battre en retraite. Mais Kmielniski, avec ses soldats, tombe sur eux à l'entrée d'un bois, et les force à accepter la bataille. Trahis par les Ruthènes, et écrasés par le nombre, les Polonais furent taillés en pièces.

Alors les Cosaques purent envahir les villes de la Russie polonaise et y faire d'affreux ravages. Ils étaient déjà arrivés sous les murs de Prémislie. Les généreux habitants de cette cité, résolus à mourir, refusaient d'ouvrir les portes. C'était le 6 novembre 1648. Prémislie fut donc assiégée. La résistance ne pouvait être de longue durée. Mais les habitants avaient juré de combattre jusqu'au dernier soupir, contre toute espérance, ainsi que le raconta après un grand personnage de Prémislie, et contre toute possibilité ; non autrement, ajoutait ce noble Polonais, que si un troupeau d'agneaux eût essayé de déchirer ou de mettre en fuite une bande de loups.

La cavalerie de la garnison fit une sortie; mais, à la vue des innombrables bataillons de l'ennemi, elle comprit qu'il était inutile d'essayer même une lutte quelconque, et rentra bientôt dans la ville. Il était midi, quand les Cosaques, impatients d'avoir Prémislie en leur possession, commencèrent l'attaque d'un bastion peu fortifié. Tandis qu'avec un courage surhumain les Polonais se défendaient contre les Cosaques, un prêtre nommé Hyacinthe se disposait à sortir de la ville, pour demander des secours à un général de cavalerie qui était en dehors de la place assiégée. Le prêtre polonais a de la peine à gagner la porte de la cité, tant est grand le nombre des vieillards, des femmes et des enfants qui se précipitent sur son passage, pleurant et poussant des cris de désespoir. Hyacinthe, touché par cette immense désolation, a soudain une inspiration sublime : « Vos larmes, vos gémissements, s'écrie-t-il, offrez-les au bienheureux Stanislas. Il vous sauvera, car son crédit auprès de Dieu est grand. »

Les paroles du prêtre électrisèrent ces infortunés, et les vieux auteurs disent qu'une voix qui serait partie du ciel n'aurait pas produit un plus grand effet. Tout ce peuple, dans la consternation, reprend courage ; les uns tombent à genoux ; les autres élèvent les mains vers le ciel ; d'autres se prosternent la face contre terre , et baisent humblement la poussière, dit le père d'Orléans, et des cris partent de tous ces cœurs émus ; et mille voix prononcent ces paroles : « Saint Stanislas, venez au secours de notre patrie. »

Saint Stanislas entendait, au ciel, ces prières que tout un peuple éperdu adressait à son cœur dans une circonstance si solennelle, et deux fois, durant la nuit, il daigna apparaîre à Raphaël Kotchi, commandant de la place, pour l'encourager et lui promettre son secours. Aux officiers qui devaient repousser les assaillants de dessus les remparts ce pieux général avait donné pour mot d'ordre ces deux paroles: Stanislas Kostka. Le nom du protecteur de la Pologne valait à ses yeux toute une armée. Il voulut qu'avant le combat toutes les troupes fussent bénies par un Père de la Compagnie de Jésus avec l'image du bienheureux. Ainsi la ville entière, priant à genoux et cherchant entre les bras d'un enfant un asile contre la mort affreuse qui la menaçait, offrait un touchant spectacle. On remarquait avec étonnement que les juifs eux-mêmes, animés d'une vive confiance, priaient à haute voix saint Stanislas de prendre la ville sous sa garde, et de ramener victorieuse cette troupe de braves qui allaient au combat.

Saint Stanislas sembla avoir hâte de témoigner à la cité qu'il exauçait ses prières. Décidé à la secourir, quand le temps serait venu, il tenait à l'assurer de suite que sa protection lui était acquise.

C'est pour cela qu'il daigna apparaître à une dame d'une grande vertu. Dans cette vision, l'auguste Mère de Dieu était debout devant saint Stanislas; à genoux, à ses pieds, saint Stanislas la suppliait humblement de sauver la ville.

Cependant l'assaut fut donné, et, à trois reprises différentes, les Cosaques furent précipités des remparts par une poignée de citoyens. Les Polonais, étonnés des ravages qu'ils faisaient dans les rangs ennemis, ne pouvaient s'empêcher d'attribuer un succès aussi inespéré au bienheureux Stanislas. Ils continuaient, en se battant, à l'invoquer avec une grande confiance. Bientôt les Cosaques sont contraints de lâcher pied. Ils se dispersent en désordre, laissant dans leur fuite un nombre effroyable de morts. Toute la ville n'eut qu'une voix pour saluer saint Stanislas libérateur de la patrie, et pour lui offrir le tribut de sa reconnaissance et de son amour.

CHAPITRE XVIII

Comment les plus illustres cités de la Pologne viennent rendre témoignage à la puissance et à la bonté de saint Stanislas.

Les bienfaits dont saint Stanislas comblait chaque jour son pays portaient de plus en plus l'émotion dans la Pologne. Le noble peuple, après avoir été préservé par lui de la peste, de la guerre et de tous les fléaux, sentait le besoin de se lever en masse et d'attester solennellement les faveurs innombrables qu'il avait reçues de ce jeune homme si puissant dans le ciel, et si attaché à sa patrie. On vit donc, pendant l'espace de quatre années, les plus illustres personnages de la Pologne, avec un ensemble imposant, rendre témoignage à la mémoire de Stanislas, en signant à sa gloire des pages que l'histoire a précieusement conservées.

Voici comment, le 31 avril de l'année 1661, la ville de Lublin s'exprima par l'organe des magistrats qui la représentaient[1] : « Nous, proconsul,

[1] Nos, proconsul, consules, advocati ordinarii, scabini ac totum corpus communitatis Lublinensis, regia civitas, etc. Cum id modo agatur ut per sanctam sedem Romanam liceat accessionem facere ad honores beato Stanislao Kostkæ, societatis Jesu, deferri solitos et ejus augere cultum ; summopere lætamur datam hanc nobis occasionem testificandi nostræ erga ipsum pietatis, amoris et obsequii, cujus singulare patrocinium non semel experti sumus ; utque res rite testata plus auctoritatis habeat, eam his litteris, communi consensu consilioque perscriptis, consignatam et hoc solemni publicoque monumento commendatam esse voluimus. Exstat apud nos hujus beati veneranda imago, sudare ac plangere a plurimis conspecta : puerum habemus in puteo demersum et aqua obrutum, ad vitam, eo invocato, divinitus revocatum. Tota hæc civitas quoties, pestilentia grassante, ejus opem precibus votisque susceptis imploravit, toties liberata malo et periculo fuit. Eadem contra Moscovitarum, Kosacorum rebellium, Suecorum ac denique Hungarorum incursus et arma præsentissimum in ejus meritis ac tutela propugnaculum habuit, certamque perniciem a suis cervicibus felicissime depulit. Nos igitur, beneficiorum quæ modo commemorata sunt et aliorum com-

consuls, avocats, échevins de la ville de Lublin, dans un moment où il s'agit d'obtenir du Saint-Siège un accroissement d'honneur et de culte au bienheureux Stanislas Kostka, de la Compagnie de Jésus, nous saisissons volontiers avec une joie extrême cette occasion qui nous est offerte de témoigner notre piété, notre amour, notre dévotion envers celui dont nous avons ressenti, en plusieurs circonstances, la puissante protection; et afin que notre attestation ait, avec plus d'éclat, toute l'authenticité requise, nous la donnons dans cette lettre collective, rédigée en conseil, et nous avons voulu qu'elle fût consignée dans ce document solennel et public. Nous possédons une dévote image

plurium multis ante annis acceptorum, quæ singillatim enumerare longum sit, memores et grati, cum elegimus et adoptavimus protectorem et publica omnium assensione atque auctoritate illius imaginem supra civitatis portas collocavimus et in regii tribunalis aula; quibus in locis ea modo visitur. Jam adeo sunt incensa populi totius ad eum honorandum, colendum celebrandumque studia, vix ut ullam Lublini domum reperire sit in qua non exstet ad venerationem proposita imago hujus beati ac protectoris nostri.

de ce bienheureux que plusieurs ont vue, à leur grand étonnement, répandre des larmes et se couvrir de sueur. Nous avons un enfant qui, étant tombé dans un puits et s'y étant noyé, a été rappelé miraculeusement à la vie par l'invocation du bienheureux Stanislas. Notre ville ayant été, à plusieurs reprises, envahie par la peste, nous avons chaque fois adressé à ce puissant protecteur nos prières et nos vœux, et chaque fois il a éloigné le fléau. Assaillie pareillement par les armées des Moscovites, des Cosaques rebelles, des Suédois et, en dernier lieu, des Hongrois, elle a été défendue par sa protection et préservée d'une ruine entière. Afin de reconnaître ces bienfaits et tant d'autres que nous avons reçus de lui depuis plusieurs années et qu'il serait trop long d'énumérer, nous l'avons élu pour protecteur et, avec l'assentiment de toute la cité, nous avons placé son image sur les portes de la ville et dans le tribunal royal, où on la voit encore. Quant aux honneurs, au respect, au culte que tout le peuple à l'envi se plaît à lui rendre, nous pouvons dire qu'on ne trouverait peut-être pas dans tout Lublin une maison où l'image de ce bienheureux, notre patron, ne soit exposée à la vénération. »

A côté de cette magnifique couronne que la ville de Lublin déposa aux pieds de son bienheureux Stanislas, nous placerons l'hommage solennel rendu par Varsovie à l'angélique saint. La page que nous transcrivons est datée du 5 juin 1663 :

« Que chacun sache que nous, proconsul, consuls, Université unie à la commune de cette ville métropolitaine du duché de l'antique Varsovie, nous certifions que la peste, après avoir dévasté les environs de notre ville, finit par se glisser dans nos murs et par exercer ses affreux ravages au milieu de nous. A la vue des victimes que le mal faisait chaque jour, nous pensâmes à supplier le bienheureux Stanislas, si connu par sa bonté, de nous délivrer de cette lamentable calamité. Tout le peuple, d'un commun accord, implora sa protection, et le conjura avec larmes d'apaiser la colère divine qui nous châtiait avec tant de rigueur. Nous le prîmes pour notre patron, et, en témoignage de ce choix, nous portâmes un vœu à l'église collégiale de la ville. Notre espéance ne fut pas trompée, car aussitôt les effets de sa puissance se firent sentir à nous. Stanislas nous vint tellement en aide, que le fléau disparut tout à coup, et n'osa plus entrer dans notre ville protégée par le bienheureux, quoiqu'il continuât d'exercer ses ravages dans les pays voisins jusque sous nos remparts, pendant l'espace de trois ans [1].

La ville de Prémislie, que saint Stanislas avait préservée du pillage et de la destruction, ne devait pas être la dernière à venir consigner dans l'histoire sa reconnaissance envers le bienheureux.

Voici en quels termes ses magistrats s'expriment, le 1er mars 1664 [2]:

« Un jour, l'ennemi réduisit notre ville à la dernière extrémité. Nous avons aussitôt éprouvé les effets de la faveur singulière et de la protection du bienheureux Stanislas Kostka, patron tout spécial de notre cité de Prémislie. En effet, tandis

[1] *Proc. de Posn.*, page 408.
[2] *Proc. de Posn.*, page 407.

que, invoquant le bienheureux, le peuple se dirigeait avec son image vers les portes de la ville, tout à coup les prières de saint Stanislas nous firent échapper au danger, et l'ennemi prit honteusement la fuite. Au milieu de la désolation où la ville avait été plongée, on avait vu des juifs, épouvantés du désastre imminent, adresser des prières au bienheureux. En reconnaissance de ce bienfait, dans l'église métropolitaine, on chanta une messe solennelle devant l'image de saint Stanislas exposée[1]. »

La cité de Posna s'est aussi fait gloire d'apporter à saint Stanislas son tribut d'amour :

« Nous, proconsul, etc., attestons que nous avons été délivrés de la peste autant de fois que nous

[1] Dum civitas nostra in maximo à Kosacis Suecisque esset periculo, singularem favorem et protectionem B. Stanislai Kostkæ, specialis præfatæ civitatis Præmislensis patroni experti sumus. Ad invocationem enim hujus beati, dum imago ipsius versus portam deferretur, intercedente beato, evasit periculo, et hostes cum ignominia recesserunt. In qua civitatis perturbatione, etiam perfidi Judæi, imminens videntes periculum, opem hujus implorabant. In cujus beneficii memoriam sacrum in templo metropolitano, in gratiarum actionem, cum expositione imaginis beati, decantatum est. *Proc. Prémisl.*, page 311.

avons imploré le secours du bienheureux. Parmi les différents faits que nous pourrions citer, en voici un que nous donnons comme exemple. Au mois de septembre de l'année 1660, la contagion menaça notre ville. Notre très illustre et très vénérable évêque, Albert Tolibowski, tout occupé de la pensée de sauver le troupeau confié par Dieu à ses soins, ne crut pouvoir mieux faire, pour le préserver du fléau si funeste, que de le recommander au bienheureux Stanislas. Le peuple, sur la proposition de l'évêque, choisit avec enthousiasme ce grand saint pour protecteur. Le clergé aussitôt porta en procession son image dans les rues de la ville ; et, à peine eut-on fait un vœu en l'honneur du bienheureux, que la main pieuse du Seigneur écarta la contagion. Nous en sommes délivrés, nous sommes tranquilles, quoique d'autres villes autour de nous en soient infectées. Tel est le témoignage que nous rendons dans notre prétoire, le 29 avril 1665. Pour donner à notre écrit autorité et validité, nous y apposons le grand sceau de la ville. »

Afin de ne pas prolonger davantage les citations

nous omettons un grand nombre d'autres attestations [1] et nous terminons par le témoignage glorieux que rend la ville de Bug à saint Stanislas. On lit, entre autres choses, dans l'acte de cette cité :

« Le bienheureux Stanislas Kostka, de la Compagnie de Jésus, est notre protecteur ; la plupart d'entre nous lui doivent la vie et la santé. Un monument dans notre ville atteste ce fait, c'est l'autel qui lui a été érigé, vers lequel chacun accourt, comme à un asile assuré, dans les calamités publiques et particulières ; cette démarche pieuse est toujours couronnée de succès [2]. »

[1] On les trouve toutes relatées dans le *Procès de Posna*, pages 407 et suivantes.

[2] Beatus Stanislaus Kostka, societatis Jesu, tutelaris est : cui plerique vitam et sanitatem nostram debemus. Testatur ara illius in nostræ civitatis ecclesia, ad quam veluti ad certum asilum, a nobis, tam in privatis quam in publicis accurritur necessitatibus, et semper cum effectu optimo.

CHAPITRE XIX

Miracles des fleurs de saint Stanislas

A côté des prodiges éclatants qui attiraient à saint Stanislas une gloire pleine de grandeur, on ne lira pas sans attendrissement le récit de miracles plus simples, et portant un cachet de gracieuse douceur, véritablement fait pour ravir et émouvoir le cœur. Nous voulons parler des miracles des fleurs de saint Stanislas.

Sur les autels du bienheureux Stanislas, on remarquait donc surtout des fleurs. Les guirlandes et les couronnes entouraient toujours son image vénérée. Voici, sans doute, le motif qui avait inspiré aux pieux fidèles la pensée de fleurir ainsi le sanctuaire de l'angélique Stanislas. Plusieurs de ces fleurs, placées d'abord sur son autel, sans autre dessein que celui de l'embellir, avaient, en perdant leur fraîcheur, revêtu soudain une beauté d'un autre genre, c'est-à-dire que, par une attention aimable du saint, elles avaient reçu la propriété de faire des miracles. On les avait appliquées sur des plaies, et la guérison ne s'était pas fait attendre. A cause de cela, le peuple se réjouissait d'apporter des bouquets à son saint bienaimé, qui les lui rendait tout pleins de la vertu de Dieu. Il y aurait de délicieuses, mais de longues pages à écrire sur les miracles opérés par le moyen de ces fleurs. Nous n'en pouvons consacrer que quelques-unes à cette intéressante et pieuse narration, choisissant parmi ces prodiges merveilleux non pas ceux qui nous ont semblé les plus charmants, l'option étant trop difficile, mais ceux qui les premiers nous ont ému, parce qu'ils révélaient d'une manière singulièrement délicate et suave la bonté de Stanislas.

Une pauvre femme des environs de Lublin gagnait sa vie à cultiver, dans un petit jardin qu'elle possédait, une foule de plantes odoriférantes. D'un cœur simple et pieux, elle avait une tendre dévotion envers saint Stanislas. Ses fleurs les plus fraîches, les plus parfumées, les plus belles étaient toujours pour lui. Rien n'égalait son bonheur quand, après avoir bien des fois caressé de son regard les chères fleurs destinées longtemps à l'avance à son saint bien-aimé, elle les trouvait enfin assez belles pour être cueillies et portées à son autel. Une fervente prière accompagnait toujours l'offrande de son bouquet ou de sa couronne.

Parmi toutes les plantes auxquelles Anne prodiguait sa sollicitude et nous pouvons dire son amour, car les chères petites fleurs étaient son gagne-pain, il y avait de magnifiques romarins. Elle en possédait au moins quatre cents pieds. Un jour la pauvre femme fut bien éprouvée. La peste qui ravageait Lublin vint dévaster son parterre; non pas peut-être que le fléau ait eu prise sur ses fleurs, mais les personnes qui étaient atteintes du mal allaient et venaient dans le jardin, pour dérober les herbes dont l'arôme était regardé comme salutaire. Anne voyait à chaque instant les pestiférés passer par-dessus sa haie et briser les branches de son romarin. Dans la crainte de s'exposer à être elle-même atteinte de la peste en visitant ses plantes que les malades avaient touchées, elle avait dû se résigner à ne plus leur donner ses soins.

Le fléau passé, elle se rendit à son jardin. Quel ne fut pas son serrement de cœur quand elle vit toutes ses plantes fanées ! « Pas un seul pied qui vive ! » se dit-elle, en regardant avec tristesse ses romarins et leurs feuilles tournées du côté de la terre, leurs branches toutes noires, et leurs tiges desséchées. « Il n'y en aura plus pour le bienheureux Stanislas ! reprend-elle en pleurant; mes romarins ne sont plus bons qu'à faire du feu et de la cendre. » Et, en disant cela, elle commençait à les arracher et à les mettre en faisceaux.

Mais la bonne Anne ne demeura pas longtemps désolée. Elle se prit à penser que le bienheureux Stanislas ressusciterait certainement ses plantes, si, se rendant à Lublin, elle implorait de lui cette grâce. Trop simple pour s'imaginer qu'une demande de si peu d'importance pouvait n'être pas écoutée, cette femme, sans éducation, était de ceux que Dieu aime à exaucer. Elle alla donc à Lublin, et se présenta devant l'autel de saint Stanislas. Cette fois, elle n'avait plus de fleurs à lui donner. Elle lui offrit ses larmes à la place, et, après avoir prié quelques instants, elle supplia le Père qui conservait les fleurs miraculeuses sur l'autel de saint Stanislas, de lui en donner quelques-unes. Le Père lui remet entre les mains une branche de romarin desséché.

Consolée, elle prend la branche avec respect, comme une précieuse relique, et retourne chez elle remplie d'espoir. La première chose qu'elle fait en arrivant est d'aller chercher ses plantes mortes qu'elle avait mises en monceau. Elle se jette à genoux : « O bienheureux Stanislas, s'écrie-t-elle, en joignant les mains ; souvenez-vous que je vous donnais autrefois de beaux bouquets de romarin ; voyez-vous toutes mes pauvres plantes qui sont mortes. Il ne vous est ni difficile ni coûteux de les ressusciter, et vous rendrez une pauvre femme bien heureuse. » En disant cela, avec la branche de romarin prise sur l'autel de saint Stanislas elle touche ses plantes desséchées, et à mesure qu'elle les touche, elle les voit doucement reverdir; et quand tout le faisceau fut ainsi rendu à la vie, et qu'aux regards étonnés de la pauvre femme il eut pris une fraîcheur et un éclat merveilleux, la branche desséchée qu'Anne tenait dans sa main et qui avait été l'instrument du prodige, se mit à reverdir à son tour et à fleurir avec une délicieuse odeur.

La pauvre femme, qui comptait sur le prodige, fut effrayée en le voyant arriver; un instant interdite et tremblante, elle essaya de remercier son aimable bienfaiteur. Les pleurs furent à peu près toute sa prière. Longtemps le peuple de Lublin la vit venir avec son romarin miraculeux devant l'image de saint Stanislas; et il est croyable que si parmi toutes les fleurs déposées sur l'autel du bienheureux, il pouvait s'en trouver de plus belles que celles d'Anne la pauvre jardinière, aucunes au moins n'avaient été cueillies avec plus de piété et d'amour que les siennes.

Au couvent des Bénédictins de Jaroslaw, il y

avait une pauvre servante atteinte d'un horrible mal d'entrailles. Des crises d'une violence extrême la prenaient fréquemment. C'était un spectacle navrant de la voir, au milieu d'intolérables douleurs, se déchirer elle-même et se débattre dans d'affreuses contorsions. Elle jetait alors des cris à fendre l'air; ou plutôt elle ne criait pas, elle hurlait de douleur. Rien n'était pénible comme de l'entendre pousser ainsi des mugissements. Une fièvre intense était venue s'ajouter à tant de maux; sa tête avait fini par se troubler, et souvent on la trouvait en proie à de cruels accès de frénésie. Dans l'exaltation où ses souffrances la mettaient, elle s'écriait d'une voie déchirante : « Comment je ne pourrai pas trouver quelqu'un pour me tuer ! Qu'on me tue vite. » La pauvre femme n'était pas coupable en disant ces paroles; la violence du mal lui avait enlevé toute intelligence. Elle se débattait déjà depuis quelques jours au milieu de ces cruelles tortures, quand un prêtre arrivant de Rome, vint au monastère.

Ému de compassion à la vue de la malade, le prêtre rassura tous ceux qui entouraient son lit.

Il avait recueilli sur le tombeau de saint Stanislas des feuilles de roses et de lis que la piété des fidèles y avait répandues, et les avait emportées avec grande joie dans l'espérance qu'elles lui seraient utiles, si quelque maladie venait l'atteindre, comme maintes fois cela était arrivé à une foule de personnes de sa connaissance qui devaient la santé et la vie à ces fleurs. En faveur de la pauvre servante dont les souffrances lui arrachaient des larmes, le prêtre se dessaisit d'une partie de son trésor. Il effeuille avec respect ces fleurs sacrées, et les met dans un verre d'eau qu'il donne à boire à la malade : la guérison ne se fait pas attendre. Cette femme n'eut pas plus tôt pris le breuvage miraculeux qu'elle sentit toutes ses douleurs disparaître. Des assauts si violents auraient dû la laisser sinon infirme, au moins affaiblie pour longtemps. Instantanément les forces lui revinrent, et elle se trouva aussi vive et aussi vigoureuse que si jamais elle n'eût été malade [1].

[1] Eadem penitus hora convaluit. *Proc. de Léop.*, p. 141.

Nous passons avec regret sur ces aimables miracles des fleurs de saint Stanislas. Quelque attrayant qu'en soit le récit, il ne faut pas le prolonger outre mesure, et c'est par le trait suivant que nous terminons.

Les Pères jésuites à Cracovie conservaient des fleurs qui avaient touché au corps de saint Stanislas. Ces fleurs avaient reposé sur le cœur même du bienheureux, et Dieu opérait souvent, par elles, des miracles. Un jour un boulanger de la ville éprouva leur vertu. Ayant fait une chute violente, son œil gauche alla frapper contre une pierre aiguë; tout l'intérieur de l'œil s'écoula aussitôt hors de l'orbite. L'infortuné ressentit des douleurs si vives qu'il ne tarda pas à perdre connaissance. On fit venir un médecin, qui voulut bien appliquer des remèdes, afin de dominer la violence du mal, mais qui déclara son art impuissant à guérir cet œil complètement crevé. . .

Un religieux de la Compagnie de Jésus qui se trouvait là en ce moment, alla aussitôt chercher quelques feuilles de ces roses précieuses dont nous avons parlé. « Ayez confiance, dit-il au malade ; le bienheureux Stanislas va vous guérir. » Et comme le boulanger répondait qu'il n'avait jamais entendu parler du saint qui porte ce nom, le Père en quelques mots lui apprit avec quelle bonté l'angélique Stanislas écoutait la prière de ceux qui sont dans l'affliction. Le malade touché invoque aussitôt avec confiance le bienheureux, et dépose sur son œil les fleurs que le Père lui donne. Le lendemain, ôtant son bandeau, il s'aperçut qu'il avait recouvré la vue. Il se hâta d'aller trouver le religieux pour lui raconter le miracle que le bienheureux avait fait en sa faveur, par le moyen des fleurs qu'il lui avait procurées. L'œil était si bien guéri qu'il eût été difficile de reconnaître celui auquel l'accident était arrivé, si une légère tache rouge ne fût pas restée à l'endroit lésé, comme pour attester le miracle. Le boulanger, plein de reconnaissance, se confessa, approcha de la table sainte, et choisit saint Stanislas pour son protecteur.

CHAPITRE XX

Comment saint Stanislas guérissait avec une tendre bonté toutes les maladies de l'âme

Les prodiges que nous avons racontés jusqu'ici ont été opérés, pour la plupart, en faveur des corps; ce sont des grâces purement temporelles. Assurément cette sorte de miracles est de nature à révéler la bonté du cœur qui les accordait en si grand nombre et dans des circonstances toujours si touchantes. Toutefois, ce n'est pas dans ces prodiges que l'extrême compassion de notre angélique saint apparaît avec toute sa beauté. Lui, qui avait un si profond mépris pour tout ce qui passe, aimait surtout les âmes, et, quand quelqu'une avait le bonheur d'exciter, ne fût-ce que par un soupir vers lui, son inépuisable charité, il en prenait un soin indicible et la guérissait, de quelque infirmité spirituelle qu'elle fût atteinte. Et il est doux de penser que cette exquise bonté de saint Stanislas pour les âmes, cette sollicitude pleine de délicatesse à l'égard de leur salut, n'a pas pu encore tarir dans son cœur.

Nous ne rappellerons pas ici le prestige de sa pureté surhumaine, qui fait qu'à son souvenir toujours une émotion sainte s'empare des âmes et les remue dans ces profondeurs sacrées où Dieu a caché l'amour de la vertu. Une surprise d'une ineffable douceur attend celui qui consulte les monuments authentiques pour savoir si ce prestige sacré exercé sur les âmes par l'admirable innocence de ce saint a toujours subsisté. Nous avouons l'avoir éprouvée cette délicieuse surprise, quand, lisant à peu près tout ce qui a été écrit de lui, nous avons vu qu'un concert universel de louanges lui est donné pour l'incomparable grâce qu'il a d'inspirer la vertu; nous l'avons éprouvée encore, s'il nous est permis de l'ajouter, quand, cherchant à surprendre les sentiments intimes de ceux qui lisaient sa vie, nous avons invariablement vu tout le monde sous le coup de cette impression, c'est-à-dire que toujours nous entendions résonner au fond des cœurs émus par la pureté de saint Stanislas comme un cri sublime de souveraine admiration et de tendre regret. Parmi ces âmes il s'en trouvait qui avaient foulé aux pieds la vertu. Celles-là surtout nous ont étonné; parce que nous croyions éteint en elles le sentiment de la pureté, et que nous les surprenions versant une douce larme, ou au moins poussant je ne sais quel profond soupir du cœur, à la pensée de notre ange de vertu!

Ce phénomène, au reste, n'a rien que de très simple. C'est la nature de l'innocence d'émouvoir profondément l'homme; et les sympathies des âmes pour cette aimable vertu sont pleines de vivacité et de douceur. Et quand cette innocence, si gracieuse et si touchante en elle-même, est renfermée dans un cœur tout céleste, et se trouve radieuse et belle, au point d'atteindre l'innocence angélique, alors, séduit par ses divins charmes, l'homme admire et est ému avec une tendresse de cœur dont il ne se croyait pas capable.

Toutefois, la bonté du bienheureux Stanislas pour les âmes ne se traduisait pas seulement de cette manière. Elle apparaissait aussi dans le vif intérêt avec lequel l'aimable saint s'occupait de toutes les maladies spirituelles, qui sont beaucoup plus nombreuses que celles dont le corps humain se trouve affligé. Quelqu'un qui eût voulu voir jusqu'au fond les richesses de son cœur, eût dû l'étudier là, auprès de tous ceux qu'affligent des peines d'esprit. Malheureusement nous ne pouvons donner ici que des choses vagues, parce que la plume est impuissante à esquisser les miracles de la grâce; au ciel seulement on en comprendra l'ineffable beauté. Mais toujours est-il qu'après avoir invoqué saint Stanislas, celui qui, accablé sous le poids de ses fautes, désespérait de la miséricorde divine, sentait aussitôt naître dans son cœur flétri la confiance et la paix. Celui que les choses de la terre absorbaient, et qui, gémissant de ne pouvoir aimer Dieu, avec ce saint transport d'une âme détachée et pure, demandait au bienheureux la grâce de ne vivre que pour le ciel, sentait s'évanouir en lui-même le triste amour des choses terrestres et se donnait au Seigneur sans réserve.

Souvent l'âme pieuse éprouve de désolantes défaillances: pour la purifier, Dieu permet qu'elle soit en proie à de cruelles perplexités sur son salut, sur l'état de sa conscience ; qu'elle ne goûte dans la prière aucune de ces douceurs sacrées qui nourrissent et fortifient. Tout languit en elle, tout semble dépérir ; et le dégoût des choses de Dieu s'unissant à des appréhensions vives d'être pour le Seigneur un objet de haine, la plonge dans des angoissee plus pénibles que la mort. Saint Stanislas s'intéressait surtout à ces âmes, et le nombre est grand de ceux qui, abattus et découragés, ont été alors consolés par lui. Avec une inépuisable charité, il allégeait la rigueur de l'épreuve; et s'il ne l'enlevait pas, quand il savait qu'elle était un bien pour l'âme, il avait le don spécial de faire couler dans cette âme alors je ne sais quel cordial céleste qui lui donnait de la vigueur et une trempe d'énergie capable de l'affermir au milieu de tant de peines, et de lui faire tirer de ces maux tout le fruit que la miséricorde divine avait eu en vue en les lui envoyant.

Nous n'énumérerons pas toutes les maladies spirituelles que saint Stanislas avait la réputation de guérir. La profondeur de son amour pour Dieu et pour les âmes, l'estime incomparable qu'il eut toujours pour ce qui est éternel, est la mesure de l'intérêt qu'il porta à tous ceux qui, affligés de ces infirmités cruelles, eurent la bonne fortune de recourir à sa puissante protection.

Comme notre divin Sauveur Jésus-Christ, souvent pour atteindre plus sûrement les âmes, saint Stanislas guérissait les corps. Il avait ainsi la pieuse industrie d'émouvoir les cœurs par quelque touchant prodige, afin d'y faire entrer ensuite la foi et les vertus qui conduisent au ciel.

Un jour d'hiver, des enfants jouaient ensemble sur les bords de la Varte. Le froid avait converti en glace la surface du fleuve; et pour pouvoir puiser de l'eau, il avait fallu rompre l'épaisse couche des glaçons. Des enfants, ignorant le danger, se livraient à leurs amusements avec la turbulence qu'on leur connaît à cet âge. Un d'entre eux, nommé Stanislas, est tout à coup poussé dans le fleuve par ses camarades, et trébuchant bientôt sur la glace, il glisse jusqu'à l'ouverture du trou qu'on y avait pratiqué pour puiser l'eau et s'enfonce. Ses mains cherchent en vain à s'accrocher à la glace qui l'entoure. Après avoir lutté quelques instants, il disparaît au milieu des cris de désespoir que poussent ses petits compagnons. On accourt sur le rivage, mais le malheureux enfant, emporté par le courant, roulait sous la glace et personne ne pouvait savoir en quel endroit il fallait la rompre pour l'atteindre.

On fit pendant trois heures d'inutiles efforts. Tout le monde consterné se retirait en silence, quand deux Pères de la Compagnie de Jésus vinrent à passer par là. Ils demandent avec inquiétude ce qui était arrivé. Un de ces vénérables religieux eut tout à coup la pensée de prier saint Stanislas de sauver cet enfant infortuné. La pauvre petite victime appartenait à la secte luthérienne, et le religieux ému de cette sainte tendresse qu'on ne peut défendre à son cœur quand on se trouve en face d'un enfant innocent engagé dans les liens de l'hérésie, invite tout le monde à se mettre à genoux, afin de demander que le petit Stanislas ne meure pas, ou, s'il est mort, qu'il ressuscite pour embrasser la foi de Jésus-Christ. Le Père fait sa prière d'une voix que la solennité du moment rendait un peu tremblante; et, à l'instant même où il finissait, la glace, devenant transparente laisse voir le corps du pauvre petit luthérien. Mais c'était pour augmenter l'anxiété de tous ceux qui se trouvaient sur le rivage. Le corps s'en allait au fil de l'eau, qui le conduisait droit sous la roue d'un moulin non éloigné de là.

Après s'être heurté à plusieurs reprises contre les pieux de la digue qu'on avait construite pour détourner l'eau, et la faire aller avec plus d'impétuosité du côté du moulin, l'enfant fut emporté sous la roue, qui tournait rapidement. On s'attendait à le voir coupé en morceaux et écrasé. Quoique, après trois heures passées sous l'eau, on ne dût pas espérer trouver autre chose qu'un cadavre, chacun était dans la plus vive inquiétude. Le petit corps passa sous la roue sans être meurtri et, avec une effroyable rapidité, porté par les eaux qui bouillonnaient, il allait s'engouffrer encore dans la fosse d'un autre moulin, non éloigné du premier, lorsqu'il s'accrocha à un pieu. Ceux qui le cherchaient allèrent alors le détacher et l'amenèrent sur le rivage. Le cadavre, étendu sur le sable, offrait au yeux un douloureux spectacle. Quoiqu'on fût persuadé que l'enfant était mort, on appela un médecin, qui, après l'avoir examiné quelques instants, fit cette réponse : « Les morts, ont besoin d'un prêtre pour les enterrer, ils n'ont pas besoin de médecin. »

Cependant les deux Pères de la Compagnie de Jésus se tenaient toujours là. Sentant redoubler sa confiance, celui qui avait déjà prié recommença ses supplications. Le bienheureux Stanislas l'exauça bientôt ; car pendant que tout le monde pleurait le sort de cet enfant, par un prodige admirable, le petit noyé se mit à faire un léger mouvement ; puis, ouvrant les yeux et étendant les bras, il se leva, proclama le nom de celui qui venait de le ressusciter, et déclara qu'il embrassait la religion de saint Stanislas Kostka. Cet enfant ainsi rendu à la vie, et converti tout à coup à la foi catholique fut, pour tous ceux qui le virent, un objet d'étonnement et d'admiration.

La mort est quelquefois une faveur plus précieuse qu'une vie prolongée ; et il y a de ces âmes que Dieu a faites si belles, et en qui il a daigné répandre les trésors de son amour avec une profusion si douce, qu'elles ne tiennent à la terre que par un fil, et se trouvent mal d'habiter trop longtemps ici-bas. Un jeune enfant, nommé Albert, était de ces natures célestes. L'attrait de son cœur le portait délicieusement vers saint Stanislas. La vie de cet ange terrestre l'attendrissait ; de sorte que possédant les mêmes goûts que lui, il s'appliquait à imiter son innocence, sa pureté, sa touchante humilité, sa douceur. Et Dieu, de qui seul dépendent les saintes joies de l'âme, avait daigné le combler des suaves consolations de son amour. Ainsi, comme saint Stanislas, le jeune Albert vivait véritablement en ange sur la terre. Des larmes de bonheur, cette récompense exquise que le Seigneur donne à ceux qui se sacrifient pour lui, coulaient continuellement de ses yeux durant l'oraison. Toute la ville de Jaroslaw connaissait cet humble enfant de treize ans, qui aurait dû passer inaperçu si les dons de la grâce ne relevaient pas toujours d'un éclat surhumain la pauvreté et l'obscurité de la naissance, car il appartenait à des parents peu fortunés et d'une condition au-dessous de la médiocrité.

Albert entretenait donc avec saint Stanislas les plus intimes rapports. Le ciel est si près de la terre pour ces âmes unies à Dieu, qu'elles communiquent facilement avec les esprits bienheureux et vivent dans leur angélique compagnie. L'enfant avait fini par ne plus habiter la terre que par son corps. Un jour, saint Stanislas l'invita de venir au ciel. C'était au mois de mai. « Je mourrai le jour de l'octave de l'Ascension, » dit avec un angélique sourire l'heureux enfant à sa mère. Ce jour fortuné arriva avec lenteur au gré de ses désirs. Ceux qui le visitèrent alors ont témoigné qu'un attendrissement involontaire les saisissait à la vue de la piété si vive avec laquelle Albert invoquait le bienheureux Stanistas. Mais c'est surtout au moment de sa mort que les assistants furent émus :

la figure de cet enfant s'éclaira d'une douce et blanche lumière ; pâle et brillante, elle avait une expression d'indicible joie. Des larmes tombaient une à une de ses yeux. On l'appelait ; mais le jeune enfant, tout entier au délices qu'il goûtait, de plus en plus beau, transfiguré dans l'amour, semblait hors de ce monde et ne répondait pas. On le remuait, et cela ne faisait que rendre plus étincelante sa radieuse figure. Enfin, toute cette splendeur s'en alla peu à peu. Albert revint à lui et raconta que saint Stanislas, tout brillant de lumières, lui était apparu ; qu'il lui avait parlé avec une grande tendresse, et l'avait doucement caressé. Quelques instants après, il rendait le dernier soupir, et ainsi il devenait un doux exemple de la bonté avec laquelle saint Stanislas aime à s'occuper des âmes qui veulent se conserver innocentes et imiter ses vertus.

CHAPITRE XXI

Comment saint Stanislas est proclamé patron de la Pologne

Tandis que saint Stanislas, avec une activité prodigieuse, répandait à pleines mains les faveurs du Ciel sur tous ceux qui l'invoquaient, les peuples, les rois et les papes se préoccupaient de sa gloire. Après tant de bienfaits accordés en si peu d'années, la conscience publique souffrait de ne pas voir l'angélique jeune homme entouré de la suprême auréole des saints. Le vœu général était qu'il fût enfin canonisé. On était en l'année 1669. Un nouveau roi, Michel Koribut de Vienowiski, venait d'être appelé au gouvernement de la Pologne. Uni par les liens du sang à la famille Kostka, le monarque témoigna le désir de voir les plus grands honneurs décernés par l'Église à saint Stanislas ; et il employa aussitôt son puissant crédit dans ce but. Un motif pressant l'y portait surtout.

Michel Koribut n'était monté sur le trône qu'en tremblant ; et quand, au nom de la nation polonaise, les seigneurs lui avaient présenté la couronne, alarmé et profondément inquiet, il avait élevé les yeux au ciel, en disant : « Seigneur, que ce calice passe sans que je le boive. » Il prévoyait que des difficultés sans nombre allaient entraver son administration.

Au dehors, les Russes schismatiques s'ébranlaient. Ils avaient appelé les Turcs dans leurs rangs, afin d'écraser plus sûrement la Pologne et d'en finir avec la religion catholique, dont ce noble pays était toujours l'invincible boulevard du côté du nord. Michel Koribut, qui ne manquait ni de courage ni de talents, ne se sentait pas assez de vigueur d'esprit pour faire face à tant de dangers.

Au reste, sa santé toujours défaillante ne lui permettait guère d'entreprendre et de poursuivre ces grands desseins qui sauvent une nation sur le penchant de sa ruine. Mais le bienheureux Stanislas pouvait accomplir, du haut du ciel, ce qu'il n'était pas capable de faire lui-même. Plusieurs fois déjà les destinées de la Pologne n'avaient-elles pas été remises en ses mains? Avec quelle bonté empressée il avait secouru son pays en détresse, et l'avait sauvé! Le roi vit tout ce qu'il pouvait attendre de sa protection, et c'est afin de se la ménager qu'il entreprit de solliciter du Saint-Siège la canonisation du bienheureux. Le pieux monarque écrivit donc, à cet effet, des lettres très pressantes au pape Clément X. Dans une de ces lettres il disait [1]:

« Il n'y a pas encore cinquante ans, notre glorieux saint a sauvé sa patrie qui allait périr : intervenant du haut du ciel, il a vaincu, non seulement les forces de tout l'empire turc, mais des armées innombrables, liguées contre son pays, à la journée de Chocim et de Kamieniec. »

L'archevêque de Gnesna, primat et prince du

[1] Qui non solum totius imperii Turcici vires, sed plerarumque omnium remotissimarum gentium mahumetanarum immensos exercitus, ante annos quinquaginta,

royaume, écrivait de son côté ces lignes aux cardinaux de la sacrée congrégation des Rites[1] :

« Nous implorons son secours pour les choses importantes du royaume : assurés d'obtenir de lui tout ce que nous désirons, nous ne trouvons jamais sa bonté au-dessous de nos espérances. »

L'auguste prélat parlait ainsi au nom des sénateurs et de tout le royaume de Pologne.

Enfin, une autre lettre, adressée au Souverain Pontife et portant la même date, contenait ces mots remarquables [2] :

« Le bienheureux Stanislas Kostka excitera, dans tous les ordres de l'État, l'ardeur et la con-

apud Chocimun et Cameneliam, ultimum in hisce oris christianitatis propugnaculum, cœlitus immissa vi, profligavit, gentem suam a certissimo excidio tutatus.

[1] Imploramus ejus auxilium, pro gravibus regni necessitatibus, magna fiducia, nec minori effectu, illius meritis apud Deum, quidquid voluerimus, nos oblenturos *Cracovie, 18 octobre* 1669.

[2] Excitabit ordinum fervorem atque fiduciam ottomanæ potentiæ, quæ jam præ foribus nostris observatur, resistendi. Imo, memoria lati per suum Stanislaum bello Chocimensi adversus Turcas auxilii, indubitatam spem faciet reportandæ de barbaris victoriæ.

fiance de résister à la puissance ottomane, qui déjà est à nos portes. Bien plus, le souvenir du secours que la Pologne a reçu de son Stanislas, à Chocim, dans la guerre contre les Turcs, nous donnera l'espérance certaine que nous remporterons la victoire sur les barbares. »

Ces instances si vives, reposant sur la confiance de toute une nation, émurent le pape. Mais comme c'est de Dieu que doit venir l'inspiration qui porte le chef de l'Église à glorifier les saints, Clément X donna plusieurs mois à la prière; puis, le 16 août de l'année 1670, il signa l'acte solennel que nous allons reproduire[1] :

[1] Gloriosa beati Stanislai Kostkæ, poloni, societatis Jesu, merita devota consideratione magnoque cum spirituali animi nostri gaudio recolentes, ac piis enixisque charissimi in Christo filii nostri Michaelis, Poloniæ regis illustris, et dilectorum filiorum præpositi generalis et presbyterorum dictæ Societatis precibus, nobis humiliter porrectis, favorabilem assensum præbere cupientes.. de venerabilium fratrum nostrorum S. R. E. cardinalium sacris ritibus præpositorum consilio, ut de dicto beato Stanislao Kostka quotannis, die 13 novembris, in universo regno Poloniæ et magno ducatu Lithuaniæ, necnon in ecclesia sancti Andreæ in monte Quirinali hujus almæ urbis nostræ, ubi ejusdem

« Considérant, avec dévotion et grande joie de notre âme, les mérites glorieux du jeune Polonais Stanislas Kostka, de la Compagnie de Jésus, et désirant faire un accueil aux instances pieuses et pressantes de notre très cher fils en Jésus-Christ, l'illustre Michel, roi de Pologne, et de nos fils bien-aimés le général et les prêtres de la compagnie de Jésus; ... après avoir pris l'avis de nos vénérables frères les cardinaux de la congrégation des Rites, en vertu de l'autorité apostolique, par la teneur des présentes, nous permettons et accordons à perpétuité que, tous les ans, le 13 novembre, dans tout le royaume de Pologne et le grand-duché de Lithuanie; dans l'église de Saint-André, du mont Quirinal, où repose le corps du

beati Stanislai corpus requiescit ac omnibus et singulis ecclesiis dictæ societatis Jesu, missæ, etiam a sacerdotibus ea die ad ecclesias hujusmodi confluentibus, et a religiosis ejusdem Societatis ubique terrarum existentibus, celebrari et officium recitari de communi confessorum non pontificum, juxta rubricas breviarii et missalis romani, libere et licite possint et valeant, auctoritate apostolica, tenore præsentium, perpetuo concedimus et indulgemus, etc...

Acta Rom., an. 1667.

bienheureux Stanislas; dans toutes les églises de la Compagnie de Jésus, la messe du bienheureux Stanislas soit célébrée même par les prêtres du dehors qui pourront s'y rendre, et par les religieux de la même compagnie, en quelque lieu du monde qu'ils se trouvent. La messe et l'office, seront pris dans le commun des confesseurs non pontifes, selon les rubriques du missel et du bréviaire romains. »

Par cet acte authentique, Stanislas était proclamé bienheureux, selon les formes usitées dans l'Église. Jusqu'à ce moment, dans les pays où son culte était autorisé, on avait dit le jour de sa fête la messe de la sainte Trinité. Le nouveau décret accordait à Stanislas une place dans les prières liturgiques. Sa fête, ainsi qu'on le voit, fut fixée au 13 novembre. Il n'était pas possible de célébrer le jour anniversaire de sa bienheureuse mort, comme cela se pratique généralement pour les autres saints: Stanislas avait rendu à Dieu son âme le matin de la grande solennité de l'Assomption. En un jour consacré à la reine des anges, on ne pouvait spécialement honorer le bienheureux.

Comme durant le mois de novembre on devait transporter son corps sacré de la chapelle du noviciat dans l'église de Saint-André, et qu'on avait fixé au 13 cette translation solennelle, le pape choisit ce jour et arrêta que la fête de saint Stanislas serait célébrée tous les ans à pareille époque.

La Pologne en recevant ce nouveau gage de la vénération du chef de l'Église pour le bienheureux Stanislas, tressaillit de bonheur, au dire d'un vieil historien; mais toujours pressée par l'ardent amour qu'elle portait à son angélique enfant, elle ne put résister longtemps au désir de le voir entouré d'une gloire plus grande, et la noble nation pria le pape d'accorder à Stanislas le titre de patron de la Pologne. Cette demande ne pouvait être accueillie favorablement par le Saint-Siège. Le 23 mars 1630 la sacrée congrégation des Rites avait fait un décret qui réservait ce titre d'honneur aux saints canonisés par l'Église. Le décret s'opposait formellement à ce qu'un bienheureux fût choisi pour patron principal. La cour de Rome répondit donc avec regret que les constitutions apostoliques ne lui permettaient pas d'accéder aux vœux de la Pologne. Mais il est difficile d'arrêter dans ses élans celui qui, comblé de bienfaits, éprouve le besoin de se montrer reconnaissant. La Pologne semblait n'avoir ici qu'un seul cœur; et sous le coup de l'admiration et de l'amour, rien ne pouvait la rebuter, ni lui faire perdre l'espérance qu'elle avait toujours nourrie de voir son saint Stanislas dans une gloire égale à la grandeur de ses bienfaits.

Le noble peuple, sans se déconcerter, écrivit donc à Rome, et fit observer que le Saint-Père, qui établit les lois, a le pouvoir d'y déroger et d'en accorder dispense, quand des raisons légitimes le demandent, et que toute une nation, émue par la reconnaissance, se met à genoux devant le vicaire de Jésus-Christ pour solliciter humblement de sa bonté l'exaltation d'un saint dont les miracles étaient si nombreux. Le roi Michel Koribut, les archevêques, les évêques représentèrent avec éloquence au Pape que, dans cette circonstance, il n'avait qu'à ouvrir les yeux pour constater la gloire dont le Ciel, chaque jour, comblait saint Stanislas.

D'ailleurs depuis de longues années, Stanislas ne s'était-il pas montré véritablement le patron et le protecteur de la Pologne? Ce titre d'honneur, qu'il avait si bien mérité, restait à lui décerner solennellement, et c'était entrer dans les voies de la Providence que de le faire. Clément X ne put résister à des prières si pressantes, et, le 10 janvier 1674, il écrivait avec cette plume immortelle qui distribue la gloire au nom de Dieu[1] :

« Des prières vives et réitérées nous ayant été adressées, au nom du pieux roi Michel et de nos vénérables frères les archevêques et évêques,

[1] Cum autem subinde enixæ et reintegratæ preces nomine dicti Michaelis regis, ac venerabilium fratrum, archiepiscoporum... porrectæ fuerint ut eumdem beatum Stanislaum dictorum regni et magni ducatus patronum principaliorem inter alios patronos principaliores, ut exempli gratia sunt sanctus Adalbertus et alter Stanislaus, ob innumera beneficia et gratias, quæ intercessione dicti beati Stanislai ab omnipotente Deo memorabant, declarare... dignaremus... quamvis constitutiones apostolicæ et decreta congregationis die 23 martis 1630 super ordinatione servanda pro patronis eligendis emanata, electionem beatorum in Patronos fieri vetent ; eosque solum qui ab Ecclesia universali titulo anctorum coluntur, non autem Beatificatos duntaxat, in Patronos eligi posse declarent, nihilominus, ad majorem

dans le but de nous porter à déclarer le bienheureux Stanislas patron du royaume et du grand-duché de Lithuanie, et à le placer au rang des autres principaux patrons, tels que saint Adalbert et saint Stanislas martyr, à cause des bienfaits innombrables et des grâces qu'ils disaient avoir obtenus de Dieu par l'intercession dudit bienheureux Stanislas; nonobstant les constitutions apostoliques et les décrets de la congrégation, en date du 23 mars 1630, sur les règles à suivre pour le choix des patrons, décrets qui défendent de prendre pour patrons les serviteurs de Dieu qui ne sont pas canonisés, réservant ce titre à ceux-là seulement que l'Église universelle honore du titre de saints et non de bienheureux : néanmoins, pour la plus grande gloire de Dieu, nous proclamons le bienheureux Stanislas Kostka patron principal de la Pologne, entendant qu'il partage,

Dei laudem... prædictum beatum Stanislaum Patronum principaliorem regni Poloniæ... et singulis prærogativis, quæ principalibus eorumdem regni et magni ducatus competunt, et quibus sanctus Adalbertus... gaudent, declaramus.

avec saint Adalbert, les prérogatives attachées à ce titre. »

Dans la suite du bref, le Pape accorde la permission de transférer au dimanche qui suit le 13 novembre, la fête du bienheureux Stanislas, afin que le peuple puisse la célébrer plus facilement. Ce bref, inscrit au Bullaire romain, est la dernière pièce qui émane de Clément X à la gloire de saint Stanislas.

Le Saint-Siège, qui, jusqu'ici, n'avait accordé que par faveur et contre les usages établis, les honneurs insignes dont nous venons de parler au bienheureux Stanislas, jugea bon de s'arrêter quelque temps et d'ajourner la canonisation solennelle du serviteur de Dieu. Quarante années s'écoulèrent donc sans qu'on fît rien de nouveau pour sa gloire.

CHAPITRE XXII

Comment saint Stanislas sauva encore une fois la Pologne

Il semble que la Pologne ait été appelée par Dieu à servir de boulevard au christianisme en Europe. Cet honneur coûta à l'héroïque nation des flots de sang. L'histoire la représente continuellement occupée dans des guerres avec les ennemis de notre sainte religion qui crurent toujours voir, dans son anéantissement, l'humiliation du monde chrétien. Le bienheureux Stanislas, en soutenant du haut du ciel sa patrie dans ce rôle illustre, participait à la gloire de sa grande mission

Le héros de la Pologne, Jean Sobieski, venait d'être choisi pour occuper le trône, quand, le jour même de la Fête-Dieu, on apprit à Varsovie que les Turcs se remuaient encore. Cette fois, leur agression devait être terrible, et le sultan rêvait la conquête du monde. Sobieski reçut cette nouvelle avec calme, assista tranquillement à la procession du saint Sacrement et voulut qu'on portât devant lui et devant sa magnanime épouse, Marie Casimire, les quarante-six drapeaux qu'il avait enlevés aux infidèles. Alors eut lieu cette scène incomparable, dont l'histoire conserve avec vénération le noble et grand souvenir. Quand la procession parut sous le parvis, ces drapeaux s'abaissèrent devant le prêtre qui portait le saint Sacrement et furent placés sous ses pieds pour lui servir de tapis.

Un indescriptible frémissement circula dans toute l'assistance à cette vue, et ces illustres insignes de la gloire de Sobieski, ainsi placés humblement sous les pas de Dieu, excitèrent un enthousiasme qu'on chercherait vainement à rendre. Le nouveau roi de Pologne, par cette action, gagna le cœur de ses sujets. Il importait de prendre, sans retard, des mesures pour faire face à l'ennemi dont l'approche venait d'être signalée. Sobieski, qui n'avait pas voulu manquer d'assister au triomphe de son Dieu, refusa l'honneur du couronnement. « Je sais bien, dit-il, pourquoi la nation m'a mis sur le trône ; ce n'est pas pour représenter, c'est pour combattre. Ma mission est de faire la guerre aux Turcs, c'est ma consigne de roi. Je la remplirai d'abord ; à plus tard les fêtes. »

Sobieski disposa donc ses troupes avec la rare habileté que tout le monde connaît, et des prodiges de valeur signalèrent son apparition à la tête de l'armée. Malheureusement la nation polonaise, fatiguée par la lutte, répondait mal à l'élan généreux qui faisait voler de victoire en victoire son auguste souverain. Abandonné successivement des Lithuaniens et des seigneurs polonais qui l'avaient suivi, il se vit réduit à soutenir la guerre par son seul génie. Avec la poignée de braves qui lui étaient restés fidèles, il alla s'enfermer dans Léopol, afin d'arrêter les barbares qui faisaient irruption sur le sol national. De là, il fit un généreux appel au patriotisme de son pays. Mais je ne ais quel abattement profond y régnait ; les seigneurs, au lieu d'accourir sous les drapeaux de Sobieski, s'enfuirent dans leurs châteaux, et le peuple demeura sourd à la voix de son roi. C'est alors que, par une de ces inspirations sublimes dont la vie de ce héros est remplie, Sobieski fait venir à Léopol sa femme et ses enfants, afin de montrer à toute la nation que le sort de la patrie dépend de la conservation de cette place, et qu'il est prêt à périr avec les siens pour la sauver.

Marie Casimire était digne de son illustre époux. Le sang français qui coulait dans ses veines ne nuisait pas sans doute à la générosité de son cœur : elle se trouva heureuse de partager avec ses enfants les dangers de Sobieski. Au reste, au milieu des soldats, des canons et de tout l'attirail d'une place assiégée, la noble femme n'était pas déplacée, et, dans le combat, elle devait avoir une part glorieuse. Tandis que Sobieski s'occupait à distribuer les postes à sa petite armée, elle, convaincue que le Ciel seul pouvait donner la victoire aux Polonais, se livrait, avec ardeur, à la prière. A genoux, avec le peuple qui était dans la ville, devant l'image vénérée du bienheureux Stanislas, elle sollicitait de sa bonté le secours dont l'armée avait besoin pour vaincre l'ennemi.

Le 24 août 1665, l'armée musulmane était sous les murs de Léopol. Quelque temps auparavant, averti de leur prochaine arrivée par un vaste incendie qui avait éclaté tout à coup dans la campagne, Sobieski s'était empressé de prendre des mesures pour les empêcher d'établir leur camp. L'armée ennemie néanmoins eut bientôt inondé de ses bataillons les collines qui la séparaient de la ville. Chargée par les soldats que le roi avait disposés avec une merveilleuse habileté dans les endroits les plus avantageux, et foudroyée sans relâche par l'artillerie, elle s'avançait toujours comme une masse formidable.

Cpendant les prières de la reine s'élevaient vers le Ciel, et le bienheureux Stanislas, touché de ses pieuses supplications, inspirait à ses compatriotes un indomptable courage. Mais que pouvait la plus grande bravoure en face de troupes si nombreuses? Aussi saint Stanislas obtint de Dieu que les éléments vinssent au secours des Polonais, pour les aider à mettre l'ennemi en fuite. Quoiqu'on fût au mois d'août, une tempête de neige et de grêle se déchargea donc tout à coup sur les musulmans et causa un affreux désordre dans leur camp. Alors les Polonais, profitant de ce trouble, s'élancent contre eux, aux cris trois fois répétés de : « Vive Jésus ! » Dans le choc, la cavalerie éprouve un moment d'hésitation. Sobieski paraît, l'anime et l'électrise par ces mots qui révèlent sa grande âme : « Vous sentez bien qu'il faut que je sois tué ici ou que nous soyons vainqueurs ! » Une force surhumaine, dit un auteur, semble l'investir, le pénétrer et le rendre supérieur à lui-même ; il est partout, il brave le fer et le feu ; il enflamme tout de son regard et de sa parole. « Nuraddin sentait du reste, dit un autre historien, par le désordre des siens, qu'une puissance supérieure le poussait. » L'ennemi ne put résister. Le lendemain matin, au lever du soleil, il était à huit lieues de Léopol.

L'intervention du bienheureux Stanislas, dans cette circonstance, fut reconnue avec attendrissement par tous les habitants de la ville, et quand, plus tard, on écrivit l'histoire de la Pologne, on n'omit pas de raconter qu'au siège de Léopol le bienheureux avait fait éclater sa puissance en déjouant, par un grand miracle, les projets de l'ennemi.

André Zaluski proclame en ces termes le prodige accompli par saint Stanislas [1] :

« On dut cette victoire étonnante à la piété du peuple, aux prières de la reine qui demeura prosternée aux pieds de la sainte Vierge et devant l'autel du bienheureux Stanislas jusqu'à l'issue de cette lutte décisive ; enfin à la bravoure des deux

[1] Victoriam promovit urbana pietas ac reginæ potissimum religio, quam ad ultimam prosperrimi conflictus coronidem produxit, primo affusa ad divinæ parentis effigiem, prodigiis celebrem, dein in templo societatis Jesu ante aram beati Stanislai Kostkæ diu genibus nixa, necnon utriusque principis virtus in victoriam laboraret; quamvis certius in armis cœlestibus vincendi auspicium, unde divorum commilitonum suppetiæ trahuntur, quas adfuisse tum nivium miracula probarunt, brumam æstati permiscentium, tum panicus barbari timor qui illum ante arma confecit. *And. Chrys. Zaluski*, *epistolæ histor. famil.*, pag. 577. — Jo. Thom. *Jozefowicz*, *Annalis urbis Leopol.* ; manuscr. f° 964. M. de Salvandi, *Hist. du roi Jean Sobieski*, l. VII.

princes qui commandaient. Le double miracle de cette neige tombée en plein été, et de la terreur panique qui s'empara des barbares, rendit manifeste l'intervention du Ciel en faveur de la Pologne. »

CHAPITRE XXIII

Comment saint Stanislas fut canonisé avec saint Louis de Gonzague

Les miracles de saint Stanislas se multipliaient d'une manière étonnante, et l'admirable jeune homme, par la facilité avec laquelle il exauçait tous ceux qui avaient recours à lui dans leurs besoins, avait fini par acquérir une si universelle sympathie, que la France, l'Italie, l'Allemagne, le Brésil, le Mexique, unissant leurs vœux à ceux de la Pologne, demandèrent unanimement qu'il fût canonisé. L'histoire ecclésiastique enregistrait, sur une de ses plus belles pages, cet exemple si rare d'un tendre enfant qui passa sur la terre inaperçu et qui, une fois monté au ciel, remua ainsi le monde et arracha à toutes les âmes un tel cri d'amour et d'enthousiasme. Rome elle-même était dans l'étonnement et accueillait avec intérêt ces imposants suffrages des peuples acclamant l'heureux enfant de la Pologne.

Un moment arriva enfin où toutes ces voix de l'univers ému, retentissant depuis longtemps aux oreilles du vicaire de Jésus-Christ, amenèrent dans son âme la conviction qu'il fallait céder à la volonté de Dieu suffisamment déclarée, et canoniser l'angélique Stanislas. Clément XI portait alors la tiare pontificale. Le 12 novembre de l'année 1714, il alla au noviciat de Saint-André, afin de vénérer le corps sacré du bienheureux, la veille de sa fête. Le pontife pria longtemps avec une tendre piété dans ce lieu vénérable; puis, rempli d'une joie toute sainte, il publia le décret préparatoire de la canonisation de Stanislas. Dans ce monument important, on lit la relation de trois miracles authentiques, approuvés le 12 novembre 1613 par la sainte Congrégation.

Voici le premier. Depuis plusieurs années,

Anne-Théodore de Ligueville était entièrement privée de l'usage de ses jambes. « Cette demoiselle, dit un auteur du temps, était blessée et meurtrie en plusieurs endroits de sa personne, pour être tombée, de la muraille, en les fossés de son château d'Hovecourt, en Lorraine. » On croit, en outre, qu'un homme méchant lui avait donné du poison, de sorte que, durant près de quatorze mois, elle fut réduite à un état de faiblesse extrême. Les médecins les plus célèbres, appelés de toute part, déclarèrent leur art impuissant, non seulement à la guérir, mais encore à lui apporter le moindre soulagement. Elle ne connaissait plus le sommeil depuis longtemps, et, pour peu qu'on la touchât, elle éprouvait d'horribles tortures et ne pouvait s'empêcher de pousser des cris lamentables. Enfin une crise violente s'était déclarée, et en proie à d'affreuses convulsions, elle souffrait depuis plus de vingt-quatre heures les douleurs de l'agonie.

Cette demoiselle avait un frère à Rome qui était religieux de la Compagnie de Jésus. Informé de la maladie de sa sœur bien-aimée, le Père Emmanuel priait depuis longtemps avec ferveur saint Stanislas de la guérir, quand les supérieurs lui donnèrent l'ordre de se rendre en Lorraine auprès de sa famille. Avant de partir il se procura une phalange d'un des doigts du bienheureux. Accompagné du Père Chastellier, vice-provincial de France, le Père Emmanuel arriva au château d'Hovecourt, et fut effrayé en voyant les ravages que la maladie avait exercés sur sa sœur infortunée. Mlle de Ligueville n'était plus qu'un squelette animé d'un souffle de vie. La première parole du pieux religieux à sa sœur agonisante fut celle-ci: « Voici le bienheureux Stanislas qui vient vous guérir, » et il lui présenta en même temps la relique sacrée, avec une image qui représentait les prodiges accomplis par le bienheureux, en faveur des malades désespérés. Anne de Ligueville se sentit tout à coup animée de la plus vive confiance. Sans tenir aucun compte de son extrême faiblesse, elle se fait habiller et demande, d'une voix mourante, qu'on la porte à l'église parce qu'elle veut entendre une messe en l'honneur du bienheureux Stanislas. Ceux qui l'entouraient hésitèrent longtemps à lui rendre ce service, ne voulant pas, en la remuant, hâter sa mort et la voir expirer entre leurs bras. Toutefois, la confiance qu'elle avait d'être guérie donnait à ses instances une autorité irrésistible, et on fit ce qu'elle voulait.

Au moment de l'élévation [1] du très saint corps de Notre-Seigneur, ayant le cœur et l'âme attachés à la sainte hostie, elle prie le bienheureux Stanislas de vouloir bien lui obtenir du Sauveur du monde la santé qu'elle ne peut attendre des moyens humains. Et voilà qu'aussitôt elle éprouve une consolation extraordinaire [2], ineffable ; il lui semble qu'une huile merveilleuse et très douce pénètre ses membres, et rend à ses jambes la vigueur qu'elles ont perdue depuis si longtemps. Et dans

[1] Pendente elevatione sanctissimi corporis Christi, defixum cor et animam in sanctam hostiam habebat, deprecans beatum Stanislaum ut a servatore mundi totius sanitatem vellet impetrare, sibi a quibusvis humanis remediis denegatam. (*Déposition du seigneur de Serocourt, son mari.*)

[2] Sensit maximum et indicibile in suis doloribus solatium, ad instar olei leniter et suaviter instillati in omnibus sui corporis partibus, et, præ cæteris, super tibiis, quibus omnino earumque usu destituebatur, solis ossibus pelle

le même instant, elle est ravie en extase, et ne reprend ses sens que pour s'apercevoir qu'elle est tout à fait guérie. Elle se serait dès lors levée et aurait marché, si elle n'eût craint de détourner l'attention du peuple, tout occupé des saints mystères.

Quand l'auguste sacrifice de la messe fut achevé, Anne se fit porter à la chapelle de sa sainte patronne. Là, se levant d'elle-même, elle commence à marcher et s'écrie que le bienheureux vient de la guérir. Elle se rend à pied au château, et ceux qui la voient n'osent en croire leurs yeux. Sa mère qui était seule alors dans une chambre, apercevant cette fille chérie, demeure stupéfaite, et croit qu'elle est le jouet d'une illusion. Anne lui saute au cou et l'embrasse en pleurant, l'assurant que c'est bien sa fille qu'elle presse sur son cœur et que saint Stanislas vient de guérir. La mère est quelque

coopertis, quam circumquaque replicabat. Et in eodem instanti correpta fuit quadam syncope, aut deliquii specie, quæ modico tempore duravit : qua liberata sensit omnino se sanatam, surrexissetque eodem instanti, nisi timuisset populum, qui missæ tunc temporis intererat, pertubare. (*Déposition de mademoiselle de Ligueville.*)

temps sans pouvoir calmer son émotion ; enfin, revenant à elle-même, elle se met à genoux pour remercier le bienheureux. Anne fait comme sa mère, et toutes deux confondent leurs larmes et cèdent aux transports de leur vive reconnaissance.

Nous allons raconter le second miracle approuvé par la sacrée Congrégation.

André Fauste Unikouski, abbé d'une communauté religieuse, était atteint depuis six semaines d'une fièvre maligne. Le mal, en augmentant de jour en jour, l'avait réduit à la dernière extrémité. Affaibli au point de ne pouvoir faire le plus léger mouvement, il attendait la mort que les médecins avaient déclarée imminente.

Pour recevoir avec plus d'humilité les derniers sacrements, il s'était fait étendre à terre sur un tapis, et ses religieux, fondant en larmes, se préparaient à lui fermer les yeux. Déjà on avait fait pour lui les prières de la recommandation de l'âme. Par je ne sais quelle inspiration qui lui vint du Ciel, le malade dit tout à coup à un des religieux qui se tenaient près de lui : « Si je ne suis pas mort demain matin, vous irez à Caliz dire la messe pour moi, à l'autel du bienheureux Stanislas Kostka. » Toute sa vie, André Fauste Unikouski avait eu une tendre piété pour l'angélique jeune homme. Il était né non loin du château où Stanislas avait lui-même reçu le jour.

Le Père Lampartovicz promit au malade de faire ce qu'il désirait; et, le matin arrivé, il se rendit à Caliz, accompagné d'un autre religieux qui n'était pas encore prêtre. Cependant le pieux supérieur, qui avait voulu attendre la mort sur la terre nue, voyant que ses derniers moments n'arrivaient pas, se fit remettre au lit, parce qu'il sentait le froid gagner ses membres. Ses yeux fatigués, qui contemplaient avec amour l'image de saint Stanislas, se fermèrent bientôt; et, tandis qu'il commençait à s'assoupir légèrement, il crut voir devant lui un personnage très vénérable. Effrayé, il se tourne du côté opposé et lève un de ses bras. Alors il s'éveille et s'étonne du mouvement qu'il vient de faire, car, depuis six semaines, il n'avait pu se remuer. Il veut essayer de mouvoir son autre bras, et le fait sans peine. Encouragé, il s'assied sur son lit et demande ses vêtements. Le prieur entre en ce moment dans sa chambre, et, l'entendant parler de se lever, lui dit : « Mon Père, c'est la crise suprême; quand on va mourir, souvent un mieux apparent se manifeste ; pensez à vous présenter tout à l'heure devant Dieu. » André Unikouski s'efforce de faire comprendre au prieur que le bienheureux Stanislas l'a guéri. Il parlait encore quand les deux religieux, qui étaient allés prier pour lui à Caliz, rentrèrent ; et, apprenant l'heure où le malade avait cessé de souffrir, ils déclarèrent que c'était précisément à ce moment-là qu'on célébrait la messe à son intention. On laissa donc le révérend Père abbé quitter son lit ; et tandis qu'il allait à l'église pour remercier Dieu, en passant dans le cimetière, il rencontra les deux médecins qui l'avaient soigné. « Est-ce un fantôme que nous voyons? s'écrièrent à la fois ces deux médecins, en faisant sur eux le signe de la croix, ou bien est-ce véritablement vous, mon Père? » Le Père abbé leur répondit en souriant qu'il était celui qu'ils connaissaient bien, et non un mort qui leur apparaissait. « J'ai été guéri, ajouta-t-il, par le bienheureux Stanislas ; venez avec moi à l'église où je me rends pour offrir mes humbles actions de grâces au serviteur de Dieu. » Le Père abbé rencontra encore une foule de personnes qui, entendant les cloches qu'on sonnait à l'occasion de ce prodige, avaient cru que c'était son glas funèbre, et venaient prier pour le repos de son âme.

Le troisième miracle cité dans le bref a quelque chose de très gracieux. C'était un jeune novice de Lima qu'une maladie cruelle allait faire mourir. Frappé tout à coup, il avait été en quelque sorte foudroyé, et la moitié de son corps, du côté droit, se trouvait paralysée. Quatre médecins célèbres, appelés auprès du lit du jeune homme, déclarèrent que la science ne pouvait rien contre cet effroyable mal, qui était capable de l'emporter en quelques heures. On essaya cependant de lui administrer des remèdes, qui n'eurent aucun succès. La maladie se prolongea quelques jours. Un médecin, envoyé par le vice-roi du Pérou, visita aussi le jeune novice, et, essayant de lui faire ployer les bras et la main, il comprit que ses efforts étaient inutiles, car véritablement tout le côté droit était mort. Comme les quatre autres médecins, il déclara qu'on devait s'attendre à voir l'infortuné jeune homme rendre bientôt le dernier soupir.

Le frère François-Xavier, ainsi s'appelait le novice malade, était le seul qui n'eût pas perdu l'espérance, sans doute parce qu'il avait confiance dans l'exquise bonté de Stanislas. Affligé de ne pouvoir s'unir aux autres novices qui, le lendemain, jour de la fête du bienheureux, devaient communier en son honneur, il supplia les supérieurs de lui apporter la divine Eucharistie, pensant avec attendrissement que la même grâce avait été accordée au saint, dans une maladie où il avait failli mourir.

Le maître des novices lui accorda la faveur tant désirée. Quand donc le frère François-Xavier eut fait la sainte communion, un des novices eut la pensée de placer devant lui une image qui représentait saint Stanislas recevant le corps sacré de notre divin Sauveur, de la main des anges. Le malade, en jetant les yeux sur la figure si douce de notre bienheureux, éprouva je ne sais quel tressaillement suave, et persuadé alors qu'il allait être guéri par le saint, il s'écria : « Je m'engage à dire tous les jours de ma vie un *Pater* et un *Ave Maria*, en l'honneur de saint Stanislas, à jeûner au pain et à l'eau la veille de sa fête, et à faire une fois les exercices spirituels de saint Ignace, si son glorieux Fils le bienheureux Kostka daigne m'obtenir la santé. » Ayant dit ces paroles, il prit la sainte image qui avait fait naître dans son cœur une si grande confiance et l'appliqua à sa main droite paralysée : la main aussitôt remua. Alors, il toucha avec l'image sainte tout le côté droit de son corps, qui était sans mouvement; et à mesure que l'objet sacré passait, la vie revenait aux membres perclus, qui recouvraient la sensibilité et le mouvement. Trois novices étaient là, et voyaient au milieu d'une émotion indicible le miracle s'accomplir peu à peu.

Quand le malade, délivré complètement de son infirmité, les assura qu'il était guéri, ils ne purent maîtriser leur enthousiasme et s'écrièrent tout haut : « Miracle! miracle! » Empressés d'apprendre à leur supérieur la prodigieuse chose qui venait de se passer sous leurs yeux, ils accoururent à sa chambre, et l'émotion ne leur permit de lui dire que ces mots : « Venez voir, mon Père, un miracle du bienheureux Stanislas ! » Le supérieur n'ajouta pas foi à la parole des novices, et les reprenant de leur légèreté, les suivit jusque dans la chambre du malade, non pas tant pour s'assurer d'un prodige, auquel il ne croyait pas, que pour voir si le frère François ne touchait point à ses derniers moments. Mais les pleurs le gagnent involontairement, quand il aperçoit le novice sur son lit, car la guérison était manifeste. La ville de Lima se rendit au noviciat pour être témoin du miracle. Le lendemain, en présence d'une grande foule de peuple, une messe solennelle d'actions de grâce fut chantée. Le frère François-Xavier resta à genoux durant tout l'office, et communia de la main du prêtre qui célébrait, tout le monde, dit un historien, ayant les yeux sur lui et le regardant avec admiration.

Clément XI avait donc declaré qu'on pouvait procéder à la canonisation du bienheureux Stanislas Kostka. Cette satisfaction enfin accordée aux vœux de l'univers entier, depuis si longtemps à genoux devant le vicaire de Jésus-Christ pour obtenir la glorification de l'enfant béni de la Pologne, causa aux Pères de la Compagnie de Jésus une vive joie. Toutefois, la solennité de la canonisation n'eut pas lieu de suite : Dieu, dans son amour pour la jeunesse chrétienne, avait suscité un autre jeune homme modèle anssi d'innocence et de pureté. L'angélique Louis de Gonzague avait apparu sur la terre : son passage ici-bas avait laissé des traces profondes, et une douce gloire était peu à peu descendue sur son nom et sur son céleste souvenir. Visiblement, Dieu voulait associer Louis de Gonzague au triomphe de Stanislas Kostka, et couronner ainsi le même jour ces deux saints. Or Louis de Gonzague étant venu au monde quelques années après la mort de Stanislas, sa cause n'était pas aussi avancée que celle du jeune Polonais. L'aimable Stanislas attendit son angélique frère douze années.

Durant ce temps, des instances pressantes, à l'instigation du célèbre Père Michel-Ange Tamburini, furent présentées au souverain Pontife Benoît XIII, pour obtenir en faveur de saint

Louis de Gonzague et de saint Stanislas cette glorieuse couronne de la canonisation. L'onction de la plus suave piété respire dans les trois réponses que l'esprit de Dieu suggéra au pape. Nous les mettons avec respect sous les yeux du lecteur.

Réponse à la première demande :

« Parmi les œuvres merveilleuses[1] du Seigneur, aucune ne rehausse sa sainteté d'un éclat plus magnifique, que la vie innocente et l'immense récompense des justes, qui, sur la terre, furent couronnés de l'auréole de la sainteté ; aussi est

[1] I. Cum inter mirabilia opera Domini nihil memoriam sanctitatis ejus magnificentius extollat, quam vita immaculata et merces copiosa justorum, super quos effloruit sanctificatio ejus; in gaudio Spiritus Sancti excipit beatissimus pater dignissimam postulationem ut BB. Aloysi Gonzagæ et Stanislai Kostkæ e societate Jesu suavissima nomina ecclesiasticis sanctorum tabulis consignentur. Præsertim quod acriores Christi fidelibus stimulos ad currendam salutis viam admoveri non posse reputet, quam si propositos habeant ad imitandos integerrimos adolescentes, qui inter obstantes et occursantes illecebras et offensiones, tam contento cursu properarunt ad palmam, ut ipsa vitalis stadii brevitas inter præcipuas eorum laudes emineat; quibus nimirum incredibilis virtutis ardor et vis charitatis cursum vitæ diuturnioris abrupit. Ut vero ad ferendam promulgandam-

ce dans la joie de l'Esprit-Saint que le très saint Père accueille la très digne demande qui lui est adressée d'inscrire, parmi ceux des saints, les noms si suaves des bienheureux Louis de Gonzague et Stanislas Kostka, de la Société de Jésus. Il pense surtout ne pouvoir présenter d'encouragements plus puissants aux fidèles de Jésus-Christ, pour les porter à courir dans les voies du salut, qu'en offrant à leur imitation des jeunes gens innocents qui, malgré les séductions et les obstacles de tout genre qui s'opposaient à leurs desseins, ont marché vers la palme d'une course si ferme, que la brièveté même de leur vie est la principale matière de leur gloire ; c'est, en effet, et leur ardeur incroyable pour la vertu et la violence de la charité qui les consumait, qui ont abrégé le cours d'une vie trop longue à leur gré.

que sententiam, propitio Deo, aggrediatur, præcipit ut una cum sacro cardinalium senatu cæteri ordines, Christique fidelium conventus ad hoc sanctuarium Altissimi vota precesque suscipiant ; ut quæ ad majorem ipsius gloriam et christianorum eruditionem salubriter instituta sunt, in laudem gloriæ gratiæ suæ et in magnificentiam sanctificationis absolvantur.

Voulant ensuite, avec le secours de Dieu, entreprendre de porter et promulguer un décret, il ordonne que, de concert avec le sacré collège des cardinaux, tous les ordres, toutes les réunions des fidèles de Jésus-Christ offrent, dans ce sanctuaire, au Très-Haut des vœux et des prières ; afin que ces cérémonies, instituées pour sa plus grande gloire et la salutaire instruction des chrétiens, s'achèvent pour glorifier sa grâce et rehausser l'éclat de sa sainteté. »

Réponse à la deuxième demande [1] :

« Elles sont trop profondes et trop mystérieuses les pensées de celui qui élève ses élus du milieu de son peuple, pour leur faire occuper le trône de la gloire. Aussi Sa Sainteté ordonne-t-elle qu'on répande de nouvelles prières en présence du Dieu de vérité ; afin que, comme il les a conduits lui

[1] II. Nimis profundæ factæ sunt cogitationes ejus qui exaltat electos de plebe sua ut solium gloriæ teneant. Mandat propterea sanctissimus Pater novas preces effundi ad Deum veritatis ; ut, sicut illos per semitas justitiæ deduxit in via mirabili, ita per ostensionem virtutis suæ tanto judicio præire et apostolicos gressus dirigere dignetur.

même par des voies admirables dans les sentiers de la justice, il daigne encore, en faisant éclater sa puissance, précéder un jugement aussi important et diriger les pas du successeur des apôtres. »

Réponse à la troisième demande.

« Il ne reste [1] plus rien, de l'avis du saint Père, qui puisse retarder la joie du peuple chrétien, les glorieux honneurs et le culte qu'on doit à ces bienheureux jeunes hommes. Bientôt donc, il mettra Louis de Gonzague et Stanislas Kostka au nombre des saints confesseurs non pontifes ; il a la confiance que ces jeunes plantes qui, devan-

[1] III. Nihil jam superesse intelligit Sanctissimus Pater, quod christianæ plebis lætitiam, ac debitam BB. adolescentibus nominis et cultus celebritatem, laureamque morari possit. Mox igitur Aloysium et Stanislaum inter sanctos Confessores non Pontifices referet : ac fore confidit ut qui novellæ plantationes in juventute sua tempori antevertentes, fructuum ubertate lætificaverunt Ecclesiam, coruscantes in firmamento cœli, veluti stellæ in perpetuas æternitates, luceant his qui in tenebris sedent ; et quibus exemplo viam munierunt ad patriam, precibus etiam suis ac patrocinio subvehant ad coronam.

çant le cours des années, ont dans leur jeunesse réjoui l'Église par l'abondance de leurs fruits, brillant maintenant dans le firmament des cieux, comme des étoiles dans les splendeurs de l'éternité, éclaireront ceux qui sont assis dans les ténèbres ; et qu'après leur avoir frayé, par leurs exemples, la route vers la patrie, ils les feront arriver à la couronne par leurs prières et leur protection [1]. »

[1] Extrait du savant ouvrage du pape Benoît XIV sur *la Béatification et la Canonisation des serviteurs de Dieu.*

CHAPITRE XXIV

Bulle de canonisation de saint Stanislas

Le cardinal Prosper de Lambertinis, depuis pape, sous le nom de Benoît XIV, adressa au souverain pontife cette requête :

« Très Saint-Père,

« L'Eglise canonise l'héroïcité ou la sainteté de ses enfants, c'est-à-dire qu'elle la propose en même temps à leur vénération et à leur imitation, selon la doctrine qu'elle a reçue du Seigneur, qu'il ne faut point mettre la lampe sous le boisseau, mais sur le chandelier pour qu'elle brille au loin.

« S'il s'agit d'un martyr dont la mort seule est proposée à l'imitation, il lui suffit que cette héroïcité éclate au dernier moment, et, pour l'ordinaire, elle brille avec autant de splendeur et de mérite qu'on pourrait en désirer dans une longue vie.

« S'il s'agit d'un confesseur, comme ce n'est pas seulement la mort qu'elle propose à l'imitation des fidèles, elle cherche une héroïcité, non d'un moment, mais soutenue ; qui paraisse, non au terme seulement, mais durant la vie ; et quant à la durée de cette vie, elle ne la détermine pas et ne pourrait aisément la déterminer, parce qu'il peut arriver qu'un héros fasse en peu de temps ce qui eût demandé un long espace, ou, pour parler avec l'Écriture, qu'enlevé de bonne heure, il ait fourni une longue carrière.

« Telle fut l'héroïcité de Tobie, plein de piété envers Dieu, de libéralité envers ses compagnons d'esclavage, fuyant les entretiens des hommes, ne faisant, dans son enfance, rien qui sentît l'enfant.

« En cela, disent les saintes lettres, et en occa-« sions semblables, il se comportait, tout petit qu'il « était, conformément à la loi de Dieu. » Telle fut l'héroïcité de Samuel, enfant grand devant le Seigneur, et progressant dans la vertu, se rendant agréable à Dieu et aux hommes. Telle fut l'héroïcité de Daniel et de ses compagnons, lorsqu'ils préféraient l'eau et les légumes aux mets de la table du roi. Telle fut l'héroïcité de saint Jean, enfant, qui prenait force et accroissement en esprit et habitait les déserts.

« Telle fut enfin l'héroïcité du bienheureux Stanislas Kostka, dont il est maintenant question ; petit enfant, des paroles moins pudiques le faisaient tomber en défaillance; la persécution quotidienne de son frère ne put lui faire quitter le sentier étroit pour entrer dans la voie large. Son amour pour Dieu était tel qu'il devait s'appliquer sur la poitrine des linges mouillés pour en tempérer l'ardeur; de sorte que l'âge adulte ne put montrer une chasteté plus délicate, l'âge mur plus de constance, et la charité après la vie, plus de flammes.

« Je pense donc que ce héros de peu d'années et de grandes vertus est à proposer à la vénération et à l'imitation des fidèles, afin qu'un enfant de dix-huit ans soit la honte des enfants de cent ans; que le juste mort condamne les impies vivants, la jeunesse moissonnée de bonne heure, la longue vie de l'injuste, et que la famille des saints ait aussi son petit Benjamin : *Nec suus denique desit Benjamin adolescentulus in familia sanctorum.* »

A ce document précieux, où éclate l'élégance, la délicatesse de la diction, aussi bien que la tendresse et l'onction de la piété, jointe à l'élévation de la doctrine, le souverain pontife répondit au nom de Dieu, par ces paroles immortelles :

BULLE DE CANONISATION

DE SAINT STANISLAS KOSTKA

BENOIT, évêque, serviteur des serviteurs de Dieu,
Pour qu'à jamais s'en perpétue la mémoire.

I. — Le culte de Dieu est augmenté dans ses saints.

Le Seigneur nous ayant témoigné qu'on n'allume pas une lampe pour la cacher sous le boisseau, mais qu'on la pose sur le chandelier, afin qu'elle éclaire ceux qui sont dans la maison; nous, qui désirons grandement d'augmenter dans ses saints

BULLA CANONISATIONIS

SANCTI STANISLAI KOSTKÆ

BENEDICTUS, episcopus, servus servorum Dei,
Ad perpetuam rei memoriam.

I. — Dei cultus in sanctis ejus amplificatur.

Dum Christi voce compertum est a nemine lucernam accendi, et poni eam sub modio, sed super canle culte de Dieu, nous comprenons qu'il est de la piété et de la justice que ceux que Dieu revêt du vêtement de la gloire et qu'il couronne dans les cieux, à cause du mérite de leur sainteté, reçoivent de notre part, sur la terre, l'hommage public de notre vénération et de nos louanges, et qu'ainsi Dieu soit glorifié dans ceux dont les œuvres font éclater sa grandeur.

Parmi eux à brillé Stanislas Kostka, jeune homme de sainte mémoire, illustre par les vertus chrétiennes et par de grands miracles, titres qui, approuvés après mûr examen, conformément aux prescriptions de la sainte Église romaine, nous ont

delabrum, ut luceat omnibus qui in domo sunt, Nos Dei cultus in sanctis ejus amplificandi summe solliciti hinc monemur, pium et justum esse, ut quos Deus stola gloriæ indutos ob merita sanctitatis coronat in cœlis, eosdem nos quoque publicæ venerationis præconio in terris laudantes, ipsum Deum in iis glorificemus, cujus magnitudinem in gestis sanctorum coruscare certissimum est. Hos inter fulsit beatæ memoriæ adolescens Stanislaus Kostka, christianis virtutibus, magnisque miraculis clarus, quæ ad S. R. E. canonicas regulas maturo consilio cmoprobata nos induxerunt, ut hac die, in honorem

porté à l'inscrire dans les fastes des saints confesseurs, en ce jour consacré à Dieu, sous l'invocation du bienheureux Silvestre, confesseur et pontife, notre prédécesseur.

II. — Naissance, éducation et excellence des vertus du bienheureux Stanislas.

Stanislas, d'une famille sénatoriale, né en Masovie, duché du royaume de Pologne, dans un bourg de sa famille, vers le milieu du seizième siècle, fut envoyé à Vienne, pour y être instruit des belles-lettres, dans un collège de la Compagnie de Jésus. Parmi les nombreuses vertus qu'il

antecessoris nostri Silvestri confessoris atque pontificis Deo sacra eum sanctorum confessorum fastis adscribamus.

II. — Beati Stanislai ortus, institutio, et magnarum virtutum præstantia.

Stanislaus in avito oppido Masoviæ, ducatus regni Polonici, medio sæculo Christi Domini decimo sexto, ex senatoria familia natus, Viennam Augustam in seminario societatis Jesu liberalibus disciplinis imbuendus profectus est. Præ multis virtutibus, quibus excelluit, illibatum morum candorem tam

pratiqua avec perfection, il se signala par une candeur d'innocence telle, que s'il entendait un discours qui s'écartât tant soit peu des règles de la décence, il tombait aussitôt comme privé de connaissance. Les circonstances ayant amené la dissolution du collège où il se trouvait, Stanislas contraint d'en sortir au bout d'un an, trouva l'occasion d'exercer, dans un âge encore tendre, les solides vertus du chrétien. Ce ne fut pas pour cet innocent jeune homme un modique sujet de trouble, que de se voir forcé de loger dans la maison d'un luthérien, avec son frère, qui n'avait envers lui que de mauvais procédés. Sa vertu n'en

sancte servavit, ut si quem minus honeste loquentem audiret, veluti exanimis statim concideret. Ob rerum et temporum vices soluto seminario Viennensi, Stanislaus post annum inde egressus, in tenera ætate magnæ virtutis christiano more exercendæ occasionem offendit. Hospes enim, in cujus ædes cum fratre migrare coactus est lutherana hæresi infectus, nimiusque fratris rigor, innocentissimi adolescentis animum non modica perturbatione impleverunt. Sed invicta Stanislai virtus numquam succubuit, unam duntaxat ærumnarum omnium durissimam ratus, quod in domo a recta

fut point ébranlée; mais, de tout ce qu'il eut à souffrir, rien ne lui parut plus dur que de se voir, dans une maladie grave, privé de la sainte Eucharistie; il mérita cependant de recevoir, par un prodige tout divin, ce pain céleste de la main des anges, en présence de sainte Barbe, vierge et martyre, à l'intercession de laquelle il s'était recommandé dans une circonstance si critique; et ayant alors reçu dans son âme et dans son corps un surcroît merveilleux de force, il triompha vaillamment de toutes les persécutions qu'il eut à subir, pendant que la méditation continuelle des choses célestes, l'assujétissement auquel il rédui-

fide aliena graviter decumbens, sanctissimo Eucharistiæ sacramento refici non posset. Divino tamen prodigio per cœlestes juvenes, præsente beata Barbara, virgine et martyre, cujus patrocinio in re tanta se commendaverat, pane angelico recreari meruit, unde animæ et corporis viribus mirifice confirmatus de quibuscumque vexationibus strenue triumphavit; quem alias rerum cœlestium assidua contemplatio, summe innocens corpus in servitutem redactum, mirabilis mansuetudo, inque fratris asperitate triennali spatio toleranda christianum animi robur, supra ætatem plane admirandum reddiderunt. Mox

sait son corps innocent, son incroyable mansuétude, la constance chrétienne avec laquelle il soutint, durant trois ans, les assauts que lui livrait son frère, le rendirent admirable au-dessus de tout ce qu'on pouvait attendre de son âge. Bientôt, sur l'invitation de la Vierge mère de Dieu, qui lui offrit son divin Fils à embrasser, il se résolut à entrer dans la Compagnie de Jésus, dont le monde chrétien saluait alors l'aurore avec bonheur. Pour exécuter plus promptement sa résolution, il prit un habit de pèlerin, et, dénué de toutes les ressources qu'exigeait un si long voyage, il se dirigea à la hâte vers Rome, couvert de la protection divine qui empêcha son frère, courant sur un char rapide à sa poursuite de le reconnaître, et nourri

Deiparæ virginis monitu, quæ divinum infantulum ei amplectendum porrexit, jam dictæ societati Jesu, ingenti plausu tunc recens natæ, nomen dare constituit; utque citius voti compos fieret, sub habitu peregrini, licet ab omni re, tam longo itineri necessaria, imparatus, Romam properare contendit, a fratre citatis equis eum quærirante, divinæ gratiæ præsidio nequaquam agnitus, et rursus a choro angelorum cœlesti pabulo in via recreatus.

une seconde fois, dans son voyage, du pain céleste par un groupe d'anges.

III. — Enflammé de l'amour de Dieu, il commence dans la Société de Jésus son noviciat, pendant lequel il meurt saintement.

Après avoir été retenu pendant quelque temps à Dilinghem, ville située dans le diocèse d'Augsbourg, et employé au service des pensionnaires, comme pour y faire l'essai de sa vocation religieuse, il parvint enfin à Rome après un long voyage et de nombreux périls, et fut admis au noviciat par le bienheureux François Borgia, alors général de la Compagnie. Là, sans s'effrayer des

III. — Societatis Jesu tirocinium Dei amore inflammatus init et pie obit.

Aliquandiu in famulatu seminarii Dilingensis in diœcesi Augustana tanquam religiosæ vocationis experimento, commoratus, Romam tandem per viarum ambages et vitæ discrimina ingressus, inque tirocinium societatis Jesu a beato confessore Francisco Borgia, tunc præposito generali, admissus est, ubi nullis suorum minis perterritus, in omnium christianarum virtutum agone se veteranum Dei militem spectandum exhibuit, a perspicuæ pietatis

menaces de ses parents, il déploya, dans la carrière des vertus chrétiennes, le courage d'un vétéran de Jésus-Christ, à tel point qu'il mérita les éloges de plusieurs personnes recommandables par leur sainteté et en particulier du bienheureux François de Sales. Il fut le plus dévoué serviteur de la Vierge Mère, qu'il regarda toujours comme sa douce patronne ; et les flammes de l'amour divin qui le consumait étaient si vives que, pendant l'hiver, il dut en tempérer les ardeurs en approchant de sa poitrine des linges mouillés. Atteint enfin d'une maladie légère et dévoré par l'amour de son Dieu, il alla s'unir à lui, l'an de

viris, interque hos a beato confessore et pontifice Francisco Salesio, singulari præconio cumulatus. Deiparam virginem, ut dulcem patronam suam, maximo semper cultu observavit, tantoque divini amoris æstu ardere visus est, ut brumali tempore pectus linteis frigida aqua conspersis madefaceret. Morbo demum levi correptus, vehementique Dei amore inflammatus, in ejus sinum translatus est anno reparatæ salutis MDLXVIII, die festo, ut prædixerat, Deiparæ virginis in cœlum assumptæ, XVIII Kal. septembris, anno ætatis XVIII, regularis tirocinii mense decimo.

Notre-Seigneur 1568, le jour même de l'Assomption, selon la prédiction qu'il en avait faite, la dix-huitième année de son âge, le dixième mois de son noviciat.

IV. — Miracles qui rendent le bienheureux Stanislas célèbre ; ses dépouilles mortelles restent sans corruption ; instance des princes chrétiens pour qu'on inscrive son nom aux fastes des saints.

Les dépouilles mortelles de ce jeune homme, si admirable par son innocence, furent trouvées deux ans après, sans corruption et exhalant une suave odeur. Dans la suite, Dieu fit éclater miraculeusement la gloire dont jouissait dans la céleste Jérusalem son serviteur, que notre prédécesseur Paul V, de pieuse mémoire, avait inscrit au nombre des

IV. — Stanislai miraculis clari exuviæ incorruptæ, proque eo sanctorum canoni adscribendo christianorum principum supplicationes.

Miræ innocentiæ adolescentis exuviæ biennio ab ejus depositione incorruptæ suavique odore perfusæ repertæ sunt. Postmodum triumphalem in cœlesti Hierusalem servi sui gloriam, quem piæ memoriæ antecessor noster Paulus papa V beatorum

bienheureux, lorsque Sigismond, roi de Pologne, combattant les combats du Seigneur contre les Turcs, qui menaçaient la chrétienté, on vit Stanislas porté dans les airs sur un char lumineux avec la Vierge Mère et son fils Jésus; aussi, remplis par cette apparition d'une ardeur nouvelle, au milieu des chances d'un combat incertain, les Polonais mirent-ils en fuite ces terribles ennemis; et le chef du bienheureux jeune homme envoyé en Pologne par notre prédecesseur d'heureuse mémoire, Grégoire XV, mit le comble à la joie du peuple vainqueur. Ces prodiges et tant d'autres, très dignes de la vénération de tous les fidèles, opérés par l'in-

numero adscripserat, Deus miraculo comprobavit, dum Sigismundo rege Poloniæ in Turcas christianorum cervicibus imminentes bella Domini præliante, sublimis in aere visus est Stanislaus in splendido curru cum Deipara virgine, in filio Jesu, unde Polonorum animi in dubia certaminis alea viribus aucti, immanissimos hostes fuderunt, quo tempore beati adolescentis caput a felicis memoriæ decessore nostro Gregorio papa XV, in Poloniam missum, adventu suo victores populos novo gaudio cumulavit. His atque aliis, omnium Christi fidelium veneratione dignissimis, per Stanislai preces apud Deum editis

tercession du bienheureux Stanislas, ayant répandu partout le bruit de sa sainteté, les rois de Pologne, Sigismond, Ladislas et Jean Casimir, supplièrent le Siège apostolique de le mettre au nombre des saints, instances qui furent faites surtout sous les pontifes romains, nos prédécesseurs, Paul V, Innocent X et Clément XI. Ce dernier, par autorité apostolique, permit à la Compagnie de Jésus, au clergé séculier de toute la Pologne et du grand-duché de Lithuanie, de réciter son office au jour assigné; disposition que confirma, en y ajoutant son oraison, un autre de nos prédécesseurs, Innocent XI, de vénérable mémoire.

signis, sanctitatis ejus fama, ubique diffusa, apud apostolicam sedem exorantibus Poloniæ regibus Sigismundo, Ladislao, et Joanne Casimiro, de eo sanctorum canoni adscribendo actum est, præcipue sub romanis pontificibus antecessoribus nostris Paulo V, Innocentio X et Clemente XI, quorum postremus sacrum officium a societate Jesu, itemque a clero sæculari totius Poloniæ, magnique ducatus Lituaniæ, certa die de eo recitari auctoritate apostolica indulsit; quod, propria subinde oratione addita, confirmavit alius venerandæ memoriæ antecessor Innocentius papa XI.

V. — Il est donné pour patron à la Pologne et à la Lithuanie ; et le décret pour l'inscrire au nombre des saints est publié.

Enfin, les vertus de Stanislas ayant été pleinement approuvées par Clément X, qui le déclara patron principal de la Pologne et de la Lithuanie, et ses miracles ayant été, sous Clément XI, de pieuse mémoire, et en sa présence, examinés par ses vénérables frères les cardinaux de la sainte Église romaine, ce pontife leur donna la sanction apostolique et publia le décret qui devait placer le bienheureux Stanislas au nombre des saints. Mais Clément XI, avant de consommer cette grande œuvre, étant entré dans la voie de toute

V. — Polonis et Lituanis patronus datur deque eo in sanctorum confessorum canonem referendo decretum vulgatur.

Denique Stanislai virtutibus per Clementem X, qui eum Polonis et Lituanis primarium apud Deum patronum adsignavit, undequaque adprobatis, piæ quoque recordationis Clemens XI, ejusdem miracula, coram se per venerabiles fratres S. R. E. cardinales in examen adducta, pontificia auctoritate adprobavit, decreto edito de beato Dei servo in sanctorum confessorum canonem referendo. Clemente

chair, nous, qui, quoique inférieur en mérites, lui avons succédé sur la chaire du bienheureux Pierre, après avoir, dans trois consistoires et une assemblée générale de nos vénérables frères les cardinaux de la sainte Église romaine, des patriarches, des archevêques et évêques présents dans cette ville de Rome, dûment examiné les actions du bienheureux Stanislas, à l'unanimité des suffrages de tous les membres de cette assemblée, recueillis devant nous par les notaires apostoliques, et d'après le vœu des rois, des princes chrétiens et de la Compagnie de Jésus, qui suppliaient instamment le Siège apostolique et nous,

vero, priusquam solemni ritu rem tantam absolveret, viam universæ carnis ingresso, Nos, qui meritis licet imparibus, eidem in cathedra beati Petri successimus, in tribus consistoriis, et plenario conventu eorumdem venerabilium fratrum nostrorum S. R. E. cardinalium, atque etiam patriarcharum, archiepiscoporum et episcoporum nobiscum Romæ præsentium, gestis beati Stanislai rite perpensis, unanimi omnium sententia per sedis Apostolicæ notarios coram nobis excepta, regumque ac principum christianorum, et societatis Jesu, pro illo in sanctorum confessorum canonem referendo precibus

de le mettre au nombre des saints Confesseurs, nous avons, selon l'usage, fixé un jour pour cette solennité.

VI. — Le bienheureux Stanislas est mis solennellement au nombre des saints.

Bientôt après, ayant imploré avec beaucoup de ferveur par des prières, des jeûnes et des aumônes, le secours du Dieu tout-puissant, et ayant

apostolicæ sedi et nobis enixe porrectis, rei perficiendæ solemnem de more diem indiximus.

VI. — Beatus Stanislaus solemni ritu inter sanctos connumeratur.

Mox per orationes, jejunia, et eleemosynas omnipotentis Dei ope ferventissime implorata, ac universis, quæ ex sanctæ Romanæ Ecclesiæ disciplina receptisque constitutionibus agenda erant, omni religione peractis, hac ipsa die in honorem antecessoris nostri Silvestri confessoris atque pontificis Deo sacra, una cum jam dictis venerabillibus fratribus nostris S. R. E. cardinalibus, patriarchis, archiepiscopis et episcopis, ac utriusque cleri et populi frequentia in sacrosanctam basilicam principis apostolorum Deo supplicantes convenimus ubi semel,

exactement accompli tout ce que la discipline de la sainte Église romaine et les constitutions en vigueur prescrivent, ce jour même, consacré à la mémoire de notre prédécesseur Sylvestre, confesseur et Pontife, accompagné de nos vénérables frères les cardinaux de la sainte Église romaine, des patriarches, des archevêques et évêques, d'une multitude de membres du clergé, tant séculier que régulier, et du peuple fidèle, nous nous sommes rendus en priant Dieu, à la sainte basilique du Prince des Apôtres; là, notre cher Alvarus, cardinal-prêtre de la sainte Église romaine, au titre de Saint-Barthélemi-en-l'Ile, du nom de

iterum et tertio pro Dei servo Stanislao sanctorum confessorum canoni adnumerando, per dilectum filium nostrum Alvarum S. R. E. tituli sancti Bartholomœi in insula presbyterum cardinalem Cienfuegos nuncupatum, precibus repetitis, post decantatas sacras orationes et Spiritus Sancti gratiam humillime invocatam, ad honorem sanctæ et individuæ Trinitatis, fidei catholicæ exaltationem, et christiani nominis incrementum, auctoritate omnipotentis Dei, Patris, Filii, et Spiritus Sancti, et beatorum apostolorum Petri et Pauli, ac nostra, de eorumdem venerabilium fratrum nostrorum sanctæ Romanæ Ec-

Cienfuegos, nous ayant à trois reprises supplié de mettre le bienheureux Stanislas au nombre des saints confesseurs, les saintes oraisons chantées et la grâce de l'Esprit-Saint implorée, pour l'honneur de la sainte et indivisible Trinité, l'exaltation de la foi catholique et l'extension du nom chrétien, de l'autorité du Dieu tout-puissant, Père, Fils et Saint-Esprit, des bienheureux apôtres Pierre et Paul et de la nôtre, de l'avis et avec le consentement unanime de nos vénérables frères les cardinaux de la sainte Église romaine, des patriarches, des archevêques et évêques réunis avec nous en assemblée générale dans la basilique Vaticane, nous avons résolu et défini de mettre, comme par la teneur des présentes, nous décernons,

clesiæ cardinalium, patriarcharum, archiepiscoporum et episcoporum, nobiscum in plenario conventu basilicæ Vaticanæ præsentium consilio et unanimi consensu, beatum Stanislaum Kostkam, Polonum, societatis Jesu novitium, de cujus sanctitate, fidei et cæterarum virtutum magnitudine, ac miraculorum excellentia plane constabat, et constat, una cum beato Aloysio Gonzaga, ejusdem societatis Jesu clerico, sanctorum confessorum non pontificum

statuons et mettons au nombre des confesseurs non pontifes, en même temps que le bienheureux Louis de Gonzague, clerc de la Compagnie de Jésus, le bienheureux Stanislas Kostka, novice de cette même Compagnie, dont la sainteté, la foi, la grandeur des autres vertus et l'excellence des miracles étaient et sont pleinement constatés. Nous avons ordonné et ordonnons qu'il soit honoré comme vrai saint par tous les fidèles en Jésus-Christ, statuant que dans toute l'Église universelle, on pourra élever en son honneur des temples et des autels pour y offrir à Dieu le sacrifice non sanglant, et célébrer tous les ans sa fête, comme celle d'un confesseur non pontife, le jour des ides de novembre.

canoni adscribendum decrevimus et definivimus prout præsentium tenore adscribimus, decernimus et definimus, eumdemque per omnes Christi fideles tanquam vere sanctum, honorari mandavimus et mandamus, statuentes ut in Ecclesia universali in ejus honorem ædes sacræ et altaria, in quibus incruentum sacrificium Deo offeratur, ædificari, et quotannis idibus novembribus ejus solemnia, ut sancti confessoris non pontificis celebrari possint.

VII. — Le Pontife accorde des indulgences spéciales à ceux qui visitent ses dépouilles sacrées.

De plus, par la même autorité, nous avons accordé et accordons miséricordieusement dans le Seigneur, une indulgence d'un an et d'une quarantaine à tous les fidèles, qui, vraiment pénitents et s'étant confessés, visiteront et honoreront, en ce jour solennel, ses dépouilles sacrées, qui se gardent au mont Quirinal, dans l'église consacrée à Dieu sous l'invocation du bienheureux André, apôtre; et une indulgence de quarante jours à ceux qui les visiteront le jour de l'octave.

VII. — Pontifex sacras ejus exuvias visitantibus peculiares indulgentias concedit.

Insuper eadem auctoritate omnibus Christi fidelibus vere pœnitentibus et confessis, qui eodem solemni die in honorem beati Stanislai quotannis ad ejus exuvias, quæ in æde ad honorem beati Andreæ apostoli Deo sacra in Quirinali adservantur, venerandas accesserint, annum et quadragenam; iis vero, qui in octava ejusdem diei festi, quadraginta dies de injunctis, seu quomodolibet eis debitis pœnitentiis, misericorditer in Domino relaxavimus, et relaxamus.

VIII. — Il célèbre le saint sacrifice en son honneur.

Enfin, après avoir rendu grâces à Dieu de ce qu'il a fait lever sur sa sainte Église cet astre nouveau et resplendissant, ayant chanté une oraison solennelle en l'honneur des saints Stanislas Kostka et Louis de Gonzague, nous avons célébré le saint sacrifice de la messe sur le grand autel au-dessus de la confession du prince des Apôtres, en y faisant mémoire des deux confesseurs, et nous avons accordé à tous les fidèles qui étaient présents, indulgence plénière de tous leurs péchés.

VIII. — Sacrosanctum missæ sacrificium in ejus honorem celebrat.

Postremo, gratiis Deo actis, quod Ecclesiam suam insigni hoc novoque luminari illustrare voluisset ; cantata in honorem sanctorum Stanislai Kostkæ et Aloysii Gonzagæ solemni oratione, in ara maxima supra confessionem Principis Apostolorum sacrosanctum missæ sacrificium celebravimus cum ejusdem et alterius confessoris commemoratione, omnibusque Christi fidelibus tunc præsentibus plenariam omnium peccatorum indulgentiam concessimus.

IX. — Dieu doit être glorifié dans la saintoté du bienheureux Stanislas.

Il convient donc que pour un bienfait si spécial et si grand, nous bénissions tous et glorifiions Dieu le Père, auteur de tout bien, à qui est honneur et gloire dans tous les siècles, le suppliant par des prières continuelles, par l'intercession de son élu Stanislas Kostka, de détourner son indignation de dessus nos péchés, de nous montrer la face de sa miséricorde, et d'envoyer sa crainte sur les nations qui ne le connaissent pas, afin qu'elles apprennent enfin qu'il n'y a point d'autre Dieu que le Seigneur notre Dieu.

IX. — Deus glorificandus in sanctitate beati Stanislai.

Decet igitur, ut pro tam peculiari magnoque beneficio nobis concesso omnes benedicamus, et glorificamus Deum patrem et bonorum omnium auctorem, cui est honor et gloria in sæcula, assiduis precibus ab eo flagitantes, ut per intercessionem electi sui Stanislai Kostkæ, a peccatis nostris indignationem suam avertens, ostendat nobis faciem misericordiæ suæ, immittatque timorem sui super gentes, quæ non cognoverunt eum, ut tandem cognoscant, quia non est alius nisi Deus noster.

X. — Le Pontife ordonne que ces lettres apostoliques obtiennent foi partout.

Comme, au reste, il serait difficile de faire parvenir les présentes partout où besoin pourrait être, nous voulons que les copies écrites ou imprimées, signées par un notaire public et munies du sceau d'une personne constituée en dignité ecclésiastique, obtiennent partout la même foi qu'obtiendrait le présent acte, s'il était exhibé ou montré.

XI. — Il défend à qui que ce soit de les enfreindre.

Qu'il ne soit donc permis à nul homme d'enfreindre, ou, par une audace téméraire, de con-

X. — Hæ litteræ apostolicæ ubique fidem obtineant.

Cæterum quia difficile foret præsentes nostras litteras ad singula loca, ad quæ opus esset, adferri, volumus, ut earum exemplis, etiam impressis, manu publici notarii subscriptis, et sigillo alicujus personæ in dignitate ecclesiastica constitutæ munitis, eadem ubique fides habeatur, qua ipsis præsentibus adhiberetur, si essent exhibitæ vel ostensæ.

XI. — Nemo eas infringere audeat.

Nulli ergo omnino hominum liceat hanc paginam nostræ definitionis, decreti, adscriptionis, relationis,

tredire cet acte de définition, décret, insertion, commandement, statut, relaxation et volonté de nous émané. Si quelqu'un osait l'attenter, qu'il sache qu'il encourra l'indignation du Dieu tout-puissant et des bienheureux Pierre et Paul, ses apôtres.

Donné à Rome, à Saint-Pierre, l'an de l'Incarnation du Seigneur 1726, la veille des calendes de janvier, la troisième année de notre pontificat.

† Moi, Benoît,
évêque de l'Église catholique.

mandati, statuti, rélaxationis, et voluntatis infringere vel ei ausu temerario contradicere. Si quis autem hoc attentare præsumpserit, indignationem omnipotentis Dei, ac beatorum Petri et Pauli apostolorum ejus, se noverit incursurum.

Datum Romæ apud Sanctum Petrum, anno incarnationis Dominicæ millesimo septingentesimo vigesimo sexto, pridie kalendas januarias, pontificatus nostri anno tertio.

† Ego, Benedictus,
catholicæ Ecclesiæ episcopus.

CHAPITRE XXV

Du magnifique tombeau dans lequel saint Stanislas repose, et des autres lieux qu'il a sanctifiés par sa présence.

Celui qui s'est agenouillé dans les églises de Rome, et y a un instant recueilli son cœur, n'a jamais pu se défendre d'une impression de suave paix. Ce bien-être surnaturel de l'âme qui se fait sentir là tout à coup, avertit d'une douce manière que la vertu de Dieu repose dans le sanctuaire vénéré. Or une nuance de douceur très spéciale se trouve dans le parfum qu'on respire au milieu des églises où se conserve le souvenir de quelque sainte vierge ou de quelque saint jeune homme, mort dans la fraîcheur de sa pureté et de ses années. Le sanctuaire de Sainte-Agnès, sur la place Navone, celui de Sainte-Cécile, dans le Transtevère, ont, à un haut degré, cette vertu de consoler l'âme par je ne sais quoi de céleste et de pur.

Celui qui ne connaîtrait point la Ville éternelle et qui saurait seulement que le tombeau de saint Stanislas n'est pas éloigné du Quirinal, pourrait, sans demander à qui que ce soit où est le sanctuaire, le trouver seul ; quoique plusieurs églises soient voisines du saint tombeau, il ne se méprendrait pas. Le parfum de piété dont nous parlons qui s'exhale du sanctuaire, l'avertirait, à la porte de l'église de Saint-André, qu'il a trouvé ce qu'il cherche.

La beauté des marbres qui couvrent l'enceinte sacrée de ce temple n'attirera point d'abord son attention, pas plus que les encadrements dorés et les riches rosaces de la voûte. Parmi différentes chapelles, il en remarque bientôt une que la piété semble avoir enrichie avec une prédilection visible : l'étranger se sent porté à approcher, et, tandis que son regard rencontre enfin, sous un autel, des lis éclatant de blancheur, il devine avec amour ce que ces lis abritent, et éprouve le besoin de se mettre à genoux pour donner un libre cours à ses larmes devant la dépouille mortelle d'un ange terrestre. Il est bien auprès du tombeau de saint Stanislas.

Le corps du bienheureux repose dans une urne élégante, recouverte de lapis lazuli. La pierre précieuse qui porte ce nom est d'un bleu de ciel semé de blanc; le bronze et l'or qui l'enchâssent en font merveilleusement ressortir le poli brillant. On lit sur l'urne cette simple inscription: *Stanislaus Kostka;* et devant elle se trouve un cœur de cristal entouré de flammes d'or. Le cœur d'une nuance rouge reflète la lumière d'une petite lampe placée derrière, à dessein, et semble être l'image du cœur du bienheureux que les flammes de la charité divine consument sans cesse [1].

[1] Pour le lecteur qui aimerait à connaître dans un plus grand détail la chapelle dédiée à saint Stanislas et l'église tout entière de Saint-André, nous ajouterons ce qui va suivre. Dans le marbre dont l'autel de saint Stanislas est décoré, se trouve encadré un tableau qui montre le saint tout radieux de bonheur au moment où il reçoit, entre ses bras, le divin enfant Jésus, que la sainte Vierge lui ap-

Le tombeau où repose le corps virginal du bienheureux, n'est pas le seul objet qui intéresse,

porte du ciel pour le consoler. A gauche et à droite, sur les murs, entourés de belles guirlandes de fleurs taillées dans le marbre, deux autres tableaux représentent des faits de la vie du bienheureux. Dans le tableau qui est à votre droite, quand vous êtes agenouillé sur l'appui de marbre qui est devant l'autel, vous voyez l'aimable saint à qui un ange donne la communion. L'autre tableau qui est en face représente le saint jeune homme dans une de ces défaillances sublimes que lui causait, vers la fin de sa vie, le grand amour de Dieu qui brûlait son cœur. On voit auprès de lui ses frères qui découvrent sa poitrine, afin d'y appliquer des linges trempés d'eau froide. Une fresque décore la voûte de la chapelle : et saint Stanislas y apparaît dans la gloire.

Les autres autels de l'église de Saint-André se trouvent éclipsés par la splendeur de celui qui sert de tombeau à saint Stanislas. Cependant des marbres, des stucs, des dorures enrichissent merveilleusement les autres chapelles. C'est ainsi que, outre le maître-autel dédié à saint André, apôtre, on voit à gauche la chapelle de la sainte Vierge près de celle de saint Stanislas, et à droite la chapelle de la Passion et la chapelle de saint François-Xavier.

L'église qui contient tous ces trésors est élégante. Elle a la forme d'un cercle allongé. Le devant du gracieux édifice est soutenu par deux colonnes. On la doit au talent de l'architecte Bernini, et à la pieuse munificence de l'illustre Camille Pamfili, neveu d'Innocent X.

à Rome, le cœur pieux des fidèles. La chambre dans laquelle saint Stanislas mourut a été précieusement conservée, et elle est ouverte à tous ceux qui désirent la visiter. L'escalier qui conduit à ce vénéré sanctuaire a un grand nombre de marches; et il faut parcourir de longs corridors avant d'arriver dans l'enceinte sacrée. Le recueillement se fait dans l'âme durant ce pieux trajet.

Rien ne touche, en entrant dans l'appartement béni d'où cet ange terrestre a pris son essor vers le ciel, comme de voir, à l'endroit même où Stanislas rendit le dernier soupir, un pauvre lit, et sur cette couche délabrée un doux jeune homme qui semble endormi. Le ciseau du sculpteur a su donner à la couche de marbre, de couleur jaune, un moelleux et une élasticité qui fait qu'elle paraît, en certains endroits, céder sous le poids du corps. Le saint novice a la tête appuyée sur un oreiller de marbre blanc. L'artiste s'est plu à donner à la figure de l'angélique enfant une douceur et une paix qui ravissent. Dans sa main droite il tient un crucifix et un chapelet; il a dans sa main gauche une image de la sainte Vierge qu'il regarde avec un indicible amour. La statue, de grandeur naturelle, est couverte d'une soutane en marbre noir. Ce marbre drape merveilleusement et forme autour du corps des plis gracieux. La soutane est ouverte à l'endroit de la poitrine et laisse voir du marbre blanc, taillé dans le but d'imiter le devant de la chemise. La tête, les mains et les pieds de la statue sont en marbre blanc. Saint Stanislas est un peu incliné sur le côté droit, et a le genou légèrement plié. On sait que ce beau travail est l'œuvre du célèbre Legros.

Ce n'est pas, certes, au point de vue artistique qu'on envisage tout d'abord cette sculpture, qui met sous les yeux le touchant souvenir de la mort du saint, dans l'endroit même où il a rendu sa belle âme à Dieu. Le cœur ému ne voit qu'à travers les larmes ce qu'a voulu rendre le sculpteur et la scène que son ciseau a eu l'intention d'immortaliser.

Un tableau attaché à la muraille représente l'auguste Marie entourée d'un chœur de vierges. Parmi elles on reconnaît facilement sainte Barbe, la protectrice bien-aimée de Stanislas, puis sainte

Agnès et sainte Cécile, pour lesquelles il avait une grande dévotion. A l'expression de joie que ces saintes portent dans leur figure et dans leur sourire, à la grâce avec laquelle une foule de petits anges effeuillent les roses qu'ils ont dans leurs corbeilles, on juge que le peintre a voulu rendre la vision qu'eut le bienheureux en mourant. La statue de saint Stanislas semble regarder ce tableau. Ainsi, le souvenir de cette admirable mort se présente aux yeux d'une manière vivante.

On a trouvé que ce dialogue de la peinture et de la sculpture pouvait avoir, sous le rapport de l'art, quelque chose de défectueux. Mais l'âme atteinte, à ce spectacle, par des émotions supérieures à celles que produit l'idée purement naturelle du beau, ne s'aperçoit pas d'abord des défauts, et la seule vue de cette cellule dont les murs furent témoins de l'heureux passage de Stanislas à une autre vie et abritèrent une troupe d'anges et l'auguste Vierge Marie venant du ciel à la rencontre du saint jeune homme, attendrit, captive et plonge dans des méditations d'une ineffable douceur.

Vers la gauche, à quelque distance du lit où Stanislas repose, se trouve un autel sur lequel le saint Sacrement est conservé. Au-dessus du tabernacle, on remaque une magnifique copie du portrait de la sainte Vierge peint par saint Luc. Stanislas aimait beaucoup à prier devant l'original qui se conserve dans la basilique de Sainte-Marie-Majeure. Le vénérable Père François Borgia ayant obtenu du pape Pie V la permission de faire tirer une copie de cette image vénérée, on l'avait placée avec un à-propos plein de délicatesse dans la chambre où saint Stanislas était mort, et ainsi ceux qui offrent le saint sacrifice de la messe sur cet autel ont sous les yeux le précieux tableau.

Vis-à-vis est un autre autel consacré au bienheureux, et orné de son portrait. C'est l'image la plus ancienne qu'on connaisse. Quoique placée dans un demi-jour, la figure de saint Stanislas apparaît ornée d'une douceur véritablement céleste ; l'Eucharistie qu'il reçoit de la main d'un ange semble jeter sur lui un admirable rayonnement de beauté. C'est peut-être le seul tableau qui puisse donner quelque idée des charmes angéliques de cet incomparable visage. Tout le monde s'accorde à reconnaître que le peintre, en rendant l'expression surnaturelle de la figure du bienheureux, a conservé fidèlement les traits et le fond tout entier de la physionomie, et que le portrait est parfaitement ressemblant. Placé sur l'autel dédié à saint Stanislas, le tableau sourit gracieusement au cœur et remplit l'âme de celui qui le contemple d'une ineffable joie.

Ce béni sanctuaire a une antichambre où sont déposées les reliques d'un grand nombre de saints. Parmi ces objets vénérés, on remarque une lettre du bienheureux Canisius, concernant Stanislas. On est doucement surpris à cette vue, et, quand en lisant, on arrive à ce passage : *Nos de illo præclara speramus*, on adore avec un grand amour la bonté de Dieu, qui daigna vérifier d'une manière si éclatante la prophétie de l'apôtre de l'Allemagne touchant notre admirable saint.

Ceux qui visitent Saint-André ne manquent pas de demander à voir le jardin où le bienheureux alla un matin, respirer le frais afin de tempérer l'ardeur que la charité divine avait allumée dans son âme, durant la sainte oraison. Les Pères Jésuites [1] font alors entrer dans un bel enclos, beaucoup plus grand que celui qu'ils possédaient du temps de saint Stanislas. On aperçoit au fond du jardin un gracieux monument. C'est une grotte champêtre dont les murs sont couverts de peintures, formant dans leur ensemble un tableau où saint Stanislas est représenté à genoux. Dans une main il porte le livre de ses règles ; il se sert de son autre main pour appliquer sur sa poitrine un linge qui semble trempé d'eau. La sainte Vierge est là aussi avec l'Enfant Jésus dans ses bras. Des anges se tiennent non loin d'elle et paraissent saisis d'admiration en voyant saint Stanislas. La beauté de l'idée que le peintre a voulu rendre fait oublier le peu d'habileté de son pinceau. Au-dessous du tableau, une eau limpide coule doucement sur un rocher. L'eau s'étend en

[1] Ceci était vrai il y a quatorze ans. Mais depuis cette époque Dieu a donné abondamment à la sainte Compagnie de Jésus la gloire de la persécution ; et les Pères arrachés à ces lieux vénérables ne sont plus là pour protéger ces touchants souvenirs.

petite nappe sur ce rocher pour aller se perdre dans un bassin qui forme un demi-cercle.

Au frontispice du monument, on lit ces vers

Olim [1] Kostka meis ignem lenibat in undis,
Illum divinus quo peredebat amor;
Ite alio juvenes, alius quos ignis adurit;
Accede huc simili quisquis ab igne cales.

Les Pères Jésuites, en élevant ce monument à saint Stanislas, n'ont pas eu la pensée de donner à entendre que le bienheureux se servait de cette eau pour éteindre la flamme vive de l'amour divin qui le consumait. La fontaine n'existait pas du temps de saint Stanislas [2]. Les historiens du bienheureux ne disent d'ailleurs, nulle part, qu'il allait dans le jardin puiser de l'eau pour se rafraîchir la poitrine. Les vénérables religieux n'eurent pas d'autre dessein, en construisant cette pieuse cha-

[1] « Autrefois dans mes ondes, Kostka éteignait le feu de l'amour divin dont il était brûlé : jeunes gens qu'une autre flamme consume, allez ailleurs : vous qui brûlez du même feu, venez ici. »

[2] L'eau de cette fontaine a été amenée à Rome par les soins de Sixte-Quint.

pelle, que celui de grouper plusieurs beaux prodiges que l'amour de Dieu avait opérés en faveur du saint jeune homme, et de les rappeler d'une manière gracieuse.

CHAPITRE XXVI

De la maison où saint Stanislas fut communié de la main d'un ange, et reçut la visite de la sainte Vierge, à Vienne.

La maison où saint Stanislas demeura, après la suppression du pensionnat des Pères de la Compagnie de Jésus, a été précieusement conservée par la ville de Vienne. Elle forme l'angle de la rue Steindl et de la rue Current, et porte le n° 2. Connue autrefois sous le nom de maison au *Serpent d'or*, elle reçut dans la suite celui de maison de Saint-Stanislas.

Peu de temps après la mort du jeune Kostka, la chambre qu'il avait habitée dans cette maison fut transformée en un lieu sacré où les fidèles aimaient à venir prier. Ceci n'empêcha pas que le reste des appartements dont se compose ce bâtiment assez vaste fussent habités. Quand l'Église autorisa le culte de bienheureux Stanislas, la chambre du jeune saint fut transformée en gracieuse chapelle. Un autel s'éleva à l'endroit où était son lit, et sur cet autel on plaça un tableau qui le représentait mourant, au moment où sainte Barbe lui apparut et où il reçut la communion de la main d'un ange.

La maison enrichie d'un sanctuaire embaumé par de pareils souvenirs passa entre les mains de nombreux propriétaires. En 1755, Mlle Marie Barbe Koller de Mohrenfels l'acheta, et voulut que, à perpétuité, le produit des loyers des appartements fût employé à orner la chapelle et à subvenir aux frais du service divin. Les Pères de la Compagnie de Jésus furent chargés de l'administration de cette œuvre, connue sous le nom de fondation Mohrenfels. Quand ce vent fatal que l'histoire nous montre renversant périodiquement sur la terre les grandes choses, eut dispersé la sainte Compagnie, l'église des Jésuites, à Hof, fut érigée en paroisse, et la maison de saint Stanislas devint le presbytère. La source des revenus qui alimentaient le culte dans la vénérable chapelle se trouva alors tarie. Mais le clergé paroissial ne voulut point que l'éclat accoutumé du pieux sanctuaire fût éclipsé ; et grâce à son zèle, tout fut maintenu, et même la neuvaine établie en l'honneur de saint Stanislas fut reprise après une courte interruption.

Le temps n'a fait qu'embellir la précieuse chapelle, sur la voûte de laquelle on remarque deux peintures, représentant l'une la fuite du jeune saint, l'autre son admission dans la Compagnie de Jésus. De nombreuses dorures sont venues enrichir l'autel ; et l'ancien tableau qui le décorait a été remplacé en 1840 par un nouveau, où le même sujet est reproduit, mais sur un fond d'or, et avec l'apparition de la sainte Vierge et de l'enfant Jésus en plus.

L'émotion est vive, quand, pénétrant dans ce lieu, on lit au-dessus de l'autel cette inscription :

« Heil. Stanislaus Kostka, 1566 allhier von den Engeln abgespeist ».

« Ici saint Stanislas Kostka, en 1566, a reçu la communion de la main des anges. »

Oui, tout ce qui se passa dans cette chambre il y a trois cents années, semble y revivre pour le cœur ; cet angélique enfant qui se meurt, le ciel qui s'en émeut, les anges qui arrivent, la sainte Vierge qui apporte son divin Fils, le démon qui vient là, lui aussi : toute cette scène semble se remuer, s'animer et reprendre les célestes splendeurs dont elle fût éclairée, sans faire oublier pour cela le long martyre enduré là, par l'héroïque enfant.

« O heureuse Vienne, » nous écrierons-nous avec un pieux Prélat (1), « que tu es digne d'envie ! Tu possèdes encore cette chambre fortunée qui abrita le saint jeune homme pendant trois ans. Tu montres encore ces saintes murailles qui résonnèrent des coups de sa discipline, qui furent témoins de cette rude penitence, à laquelle Stanislas se soumettait, comme s'il eût été un

(1) Mgr Zenner, *Lebensgeschichte des heiligen Stanislaus Kostka.*

grand pécheur, tandis qu'il fuyait comme un souffle empoisonné jusqu'à l'apparence même du péché. Tu gardes encore cette aimable demeure qui fut illuminée des clartés du ciel, lorsque les anges y descendirent pour donner au mourant le pain de vie, et lorsque la bienheureuse Mère de Dieu lui mit au cœur la vocation de combattre pour Dieu, sous l'étendard de saint Ignace [1]. »

Disons que la ville de Vienne se montre véritablement digne de posséder ce trésor, car la fête de saint Stanislas s'y célèbre chaque année

(1) O gluckliches, beneidenswertes Wien! Noch besissest du iones gluckfelige Zimmer, welches den heiligen Iungling durch drei Iahre beherbergte; noch stehen die heiligen Mauern, welche von seinen Geisselhieben wiederhallten, welche iene bittere Busse sahen, in welcher Stanislaus büsste, gleich als ob er ein schwerer Sünder wäre, da er doch selbst vor dem Scheine der Sünde wie vor einem verpestenden Hauche floh. Noch hast du die liebliche Wohnung, welche der Himmelsglanz erleuchtete, da die Engel herniederstiegen und den Todeskranken mit dem Brote des Lebens speiseten, und die seligste Gottesmutter ihm dem Ruf in das Herz legte, unter der Fahne des heiligen Ignatius für Gott zu kampfen.

avec une piété touchante. Pendant l'octave la chapelle est constamment visitée, et toutes les classes de la société s'y trouvent confondues; on voit là à genoux, dans un profond recueillement, les grands et les petits. Avec quel respect les gens de la campagne, les artisans, ceux d'un rang plus élevé, beaucoup de personnages augustes, jusqu'aux têtes couronnées, l'empereur, l'impératrice se prosternent en ce lieu! Des messes y sont dites sans interruption depuis l'aurore jusqu'à midi, et toute cette multitude reçoit le Pain eucharistique, de la main soit de l'archevêque de Vienne, soit du nonce apostolique, soit des évêques, soit des nombreux prêtres qui offrent le saint sacrifice.

Aux autres époques de l'année, la chapelle de Saint-Stanislas est fréquemment visitée, et on y fait des fêtes de temps en temps. Enfin quelquefois on convoque en ce lieu les enfants pour accomplir le grand acte de la première communion.

Saint Stanislas laissa des souvenirs dans une autre ville d'Allemagne. On se rappelle qu'il passa quelque temps à Dilinghem. Le bienheureux père Canisius, pour l'éprouver, lui avait donné l'emploi d'aide de cuisine, et il servit là, pendant plusieurs mois les élèves du collège avec une touchante humilité. Or le réfectoire où Stanislas remplit ces modestes fonctions, a été conservé, et on le montre aux étrangers. Des anciens monuments attestent, au reste, qu'un autel fut élevé dans ce collège en l'honneur de saint Stanislas. Rome fit présent au pieux sanctuaire d'une phalange du doigt de notre angélique saint, relique précieuse destinée à rappeler son passage en ce lieu aux nombreux fidèles qui le venaient visiter.

CHAPITRE XXVII

Comment les reliques de saint Stanislas ont été conservées intactes jusqu'à nos jours.

La Providence divine a veillé jusqu'ici avec une tendre sollicitude sur les dépouilles mortelles de saint Stanislas.

On se rappelle que, durant deux années, le corps sacré conserva toute sa fraîcheur; ce gracieux prodige ne devait cesser que pour faire place à un autre non moins beau. Voici qu'une odeur merveilleuse, exquise, s'exhalait des ossements desséchés de l'angélique jeune homme. Ainsi, la mort n'avait pas eu, pour ainsi dire, de prise sur ces restes précieux. L'impiété devait-elle respecter ce que le tombeau n'avait pas osé profaner? Il était permis d'en douter ; toujours est-il que le Seigneur pourvut à la conservation des saintes reliques, en inspirant à un prêtre la pensée de les enlever de Rome.

La république avait été proclamée dans Rome, le 15 février 1798. Quelques jours avant, le Souverain Pontife avait gagné l'exil, chassé de sa capitale par les soldats français, dans un de ces moments de douloureuses aberrations dont les nations les plus généreuses ne sont pas exemptes, et qu'elles savent, au reste, toujours racheter glorieusement quand on les laisse à elles-mêmes et à la noblesse naturelle de leurs inspirations. On redoutait avec raison la profanation de la ville sainte et le pillage de ses sanctuaires. Un prêtre romain, Louis Emiliani, fut chargé de transporter hors de Rome toutes les reliques insignes qu'il pourrait soustraire à la fureur des impies. Attaché comme secrétaire au cardinal François d'Herzan, Louis Emiliani avait quitté Rome avec son maître depuis un an et demeurait à Gratz en Styrie. C'est de là qu'il partit pour se rendre dans la Ville Éternelle afin de remplir la périlleuse mission dont le cardinal l'avait chargé. Il arriva à Rome au mois de juin 1798. La douleur de ce digne ecclésiastique fut grande quand il vit le désordre qui y régnait. Apprenant que l'église de Saint-André avait été désignée pour servir de salle de bal et de réunions profanes, il crut urgent de faire enlever de suite le corps de saint Stanislas. La maison attenante à l'édifice sacré se trouvait déjà occupée par les soldats, qui en avaient chassé les jésuites, et tout le quartier était envahi par les troupes françaises.

Louis Emiliani voyant combien il était difficile d'enlever le tombeau ainsi gardé, n'hésita pas de tenter une entreprise pour laquelle il eût été si heureux de sacrifier sa vie. Une nuit donc il se hasarda de percer les murs de l'église du côté d'un jardin qui appartenait à des particuliers, et pénétra jusqu'au tombeau. Prosterné quelques instants devant les saintes reliques, il supplia le bienheureux Stanislas de ne pas permettre qu'on le surprît dans ce travail; puis il retira de dessous l'autel l'urne de lapis lazuli. Dans cette urne précieuse, il trouva une caisse de cyprès fermée par une serrure. Un grillage de fer muni de deux autres serrures entourait cette caisse. Craignant d'être découvert, parce que le jour approchait, Louis Emiliani, après avoir brisé les serrures, remit toutes les choses en leur place et se retira avec la pensée de revenir la nuit suivante pour achever son œuvre.

Le lendemain, en effet, il se glissa de nouveau dans l'église en passant par le trou pratiqué dans le mur, qui lui avait servi d'entrée la veille, et se mit, après une courte et fervente prière, à poursuivre activement sa tâche. Ayant ouvert sans peine la caisse où étaient les saintes reliques, il trouva le précieux corps enveloppé dans un voile de soie de plusieurs couleurs. Un étui de cuivre, placé non loin de là, renfermait un authentique en parchemin, signé par le Père Oliva, de la Compagnie de Jésus. Le bon Emiliani enleva respectueusement de la caisse de cyprès les restes du bienheureux Stanislas, détacha du corps saint un os de l'épaule, enveloppa cette relique dans le voile de soie, et la replaça de suite dans la caisse. Puis il déposa le corps saint, qu'il allait emporter, dans un linge précieux. Alors, prenant la caisse de cyprès, il la remit dans l'urne, avec un écrit constatant ce qu'il venait de faire; et après avoir rétabli toutes choses en ordre, afin que personne ne pût se douter de rien, il rentra chez lui sans éveiller en aucune manière l'attention des soldats qui entouraient l'église.

Le 25 juillet, Louis Emiliani partait de Rome avec son trésor et arrivait à Gratz le 20 du mois d'août.

La joie du cardinal d'Herzan fut bien vive, quand il reçut les précieuses reliques des mains de son secrétaire. Enveloppées dans une riche étoffe de lin, et recouvertes d'un voile de soie blanche, elles étaient renfermées dans un magnifique coffret de bois de noyer sculpté, et garni de coton à l'intérieur. Il voulut les mettre dans un second coffret du même bois, orné des plus riches ciselures et soigneusement fermé par deux clefs. Tant qu'il resta à Gratz, le pieux cardinal célébra le saint sacrifice sur ces précieuses reliques. Devenu évêque de Sabaria, il ne voulut pas se séparer du corps saint; mais il l'emporta avec lui dans cette ville, et continua à l'entourer de sa vénération. Enfin, un jour du mois d'avril de l'année 1804, le prélat, dans une de ses tournées pastorales, fut frappé d'apoplexie. On invoqua saint Stanislas pour lui obtenir la grâce de recouvrer la connaissance afin qu'il pût au moins être administré. La connaissance lui revint bientôt; il reçut les derniers sacrements avec les sentiments de la foi la plus vive, et mourut en prononçant le nom de saint Stanislas.

Louis Emiliani, par la mort du cardinal d'Herzan, devenait le dépositaire du corps de Stanislas Kostka. Le père Gruber, qui en fut informé, lui écrivit pour le supplier d'envoyer à la Compagnie exilée le précieux trésor. La lettre du général des Jésuites émut le bon Emiliani; mais ne put le décider à se dessaisir de cette insigne relique. Pour adoucir son refus, et ne pas laisser cet homme vénérable sans quelque consolation, il lui fit parvenir par le chevalier Ferrari, de la cour de Parme, un fragment assez notable du corps saint.

Peu de temps après, n'ayant plus rien qui le retînt à Sabaria, Louis Emiliani partit pour Rome.

Il emportait avec lui le corps de saint Stanislas. A Vienne, où il passa, on le contraignit de séjourner un mois, parce que Mgr Severoli, nonce du Saint Siège, voulut faire rendre aux saintes reliques les plus grands honneurs. La ville tout entière prit part aux fêtes avec un élan admirable. Pour clore le triomphe que Vienne venait de décerner à cet admirable enfant qui avait vécu dans ses murs, le nonce voulut reconnaître solennellement les saintes reliques. Il fit donc ouvrir la châsse qui les contenait, et écarta la soie et le voile de lin dont elles avaient été enveloppées. Tout le monde était saisi de vénération à la vue de ces ossements sacrés. Le père Biagini, dont la parole éloquente avait si fortement remué les âmes durant le triduum, se sentit tout à coup vivement impressionné quand ses yeux aperçurent le corps du bienheureux qui avait opéré tant de prodiges. Cédant à l'inspiration de son cœur attendri, il éleva la voix et adressa au saint une prière si touchante, que tout le monde se prit à pleurer. Vienne garda longtemps le souvenir de cette improvisation admirable.

Cependant le nonce enveloppa dans l'étoffe de lin qui avait déjà servi à cet usage les ossements sacrés, après en avoir distrait, pour lui, quelques parcelles, et se réserva de plus le voile de soie qui avait longtemps recouvert les reliques. Le corps saint étant donc replacé dans sa précieuse cassette, la cassette fut fermée, et on apposa sur elle le sceau du cardinal défunt et celui du nonce. En cet état, elle fut remise à Emiliani, qui continua son voyage, et arriva à Rome le 5 octobre 1804. Le Saint-Père le fit aussitôt mander, l'accueillit avec une grande bienveillance, lui témoigna la joie que le retour de ces précieuses reliques causait à son cœur, et lui dit qu'il voulait qu'elles fussent reportées au tombeau avec la plus grande solennité.

Rome se prépara par un triduum à cette fête. Le soir du jour qui précéda l'ouverture des exercices le cardinal della Somaglia, vicaire-général de Sa Sainteté, se transporta à Saint-André, afin de recevoir, au milieu d'une foule considérable, le corps sacré. En présence des personnes les plus distinguées et de toutes les illustrations qui étaient à Rome, on dressa l'acte de la remise du corps. Dieu ayant détourné de l'esprit des impies la pensée de profaner l'église où le bienheureux avait reposé tant d'années, le tombeau était demeuré intact. On ouvrit l'urne de lapis lazuli et on trouva toutes les choses dans le même état où Emiliani les avait laissées. A côté de la relique que le bon prêtre y avait renfermée, on mit le corps sacré, et ainsi saint Stanislas repose tout entier dans ce sépulcre, sauf sa tête, un ossement des jambes, distribué en petites parcelles aux fidèles, et quelques doigts. L'authentique du Père Oliva, le certificat d'Emiliani et l'acte dressé par le gardien des saintes reliques, furent replacés avec le coffret dans l'urne, qu'on mit de nouveau sous l'autel.

La tête de saint Stanislas repose à Gorheim, près de Sigmarengen, en Prusse. Elle avait d'abord été transportée de la chapelle royale de Varsovie dans la maison des Pères jésuites de Cracovie, où l'on put la vénérer jusqu'en 1773. Le Seigneur permit qu'à cette époque la Compagnie fût frappée d'un de ces coups que l'esprit le plus pénétrant n'expliquerait pas, si la destinée de tout ce qu'il y a de grand sur la terre n'était pas d'être, de temps en temps, renversé pour se relever avec plus de gloire, et montrer que ce que Dieu soutient n'a rien à redouter, même des plus formidables puissances. Alors, avec les jésuites de Cracovie, le chef de saint Stanislas demeura quelque temps dans l'oubli. Une princesse de Saxe, mariée à un margrave de Baden, voulant la soustraire aux profanations que les troubles qui venaient d'éclater en Pologne faisaient justement appréhender, la prit, l'emporta et la plaça dans la chapelle de la cour de Manheim.

En ce lieu, la relique sainte courut encore des dangers; un jour le trésor de la chapelle fut pillé, et si un chapelain ne l'eût pas enlevée à temps, laissant à la cupidité des profanateurs les pierreries du reliquaire, on ne sait ce qu'elle fût devenue. C'est alors que la tête vénérable fut remise à une dame qui s'engagea à la faire enchâsser richement de nouveau, mais qui mourut avant d'avoir pu exécuter son dessein. L'insigne relique, par les ordres de cette dame, passa aux mains du vénérable directeur du séminaire d'Heidelberg, puis fut donnée par lui à la noble et pieuse famille d'Helmstadt, qui voulut en faire part au noviciat de Gorheim, où on la conserve avec amour. L'acte authentique de la reconnaissance du chef de saint Stanislas est daté du 12 mai 1854 et signé par Mgr Hermann, archevêque de Fribourg en Brisgau.

Nous ne pouvons énumérer tous les endroits où la piété des fidèles est heureuse de vénérer quelques parcelles précieuses des ossements de saint Stanislas. Ajoutons seulement deux mots en terminant.

Ceux qui parcourent l'Allemagne avec le désir de trouver les traces des souvenirs qui se rattachent à saint Stanislas, ont la consolation, quand ils arrivent au noviciat de Munster, en Westphalie, de contempler quelque chose de bien précieux. On peut se rappeler que Stanislas eut la dévotion d'écrire de sa propre main les règles de la Compagnie. Il portait sur son cœur cet écrit vénéré. Les jésuites de Munster possèdent donc ces deux pages et l'étranger ému peut les voir. A cet écrit tracé par la main d'un ange est uni un doigt de cette même main qui l'a fait. Les yeux se mouillent facilement de larmes à la vue de ces objets pieux.

CHAPITRE XXVIII

Comment saint Stanislas est honoré dans toute l'Italie.

A Rome, durant toute l'année, la chambre où saint Stanislas est mort et son tombeau sont constamment visités. Pas de jours où l'on ne vienne là, avec une confiance touchante, solliciter les faveurs du jeune saint. Mais c'est à sa fête que se révèle avec éclat tout ce qu'il y a dans les cœurs de piété envers lui.

Dès la veille, le 12 novembre, presque toutes les familles romaines interrompent leurs occupations ordinaires, et vont se purifier au saint tribunal de la pénitence, afin de communier le lendemain. Le père et la mère ont à cœur de faire cette pieuse démarche en l'honneur de saint Stanislas : ils ont des enfants qu'ils chérissent, et ils croient, dans leur tendre confiance envers l'angélique saint, que ces enfants aimeront beaucoup Dieu, si saint Stanislas daigne les prendre en amitié. Voilà pourquoi ils célèbrent, ave une émotion toute d'amour, la fête de ce jeune homme céleste. Tous les enfants qui ont l'âge de recevoir le pain des Anges, sont à la table sainte le jour de la fête de Stanislas, le fils auprès du père, la fille auprès de la mère. Et c'est assurément le côté le plus touchant de la solennité.

Cependant, plusieurs heures avant les premières vêpres de la fête, des fleurs ont été semées dans le sanctuaire où se trouve le tombeau de saint Stanislas, dans l'escalier qui conduit à sa chambre, à la porte de l'église et jusque dans la rue. C'est l'habitude des novices[1] d'étendre ainsi ce tapis gracieux sous les pieds de ceux qui viennent, le

[1] Nous parlons du temps heureux où Rome pouvait jouir de la présence si regrettée de la Compagnie de Jésus au milieu d'elle.

13 novembre, visiter le tombeau glorieux de leur angélique frère.

Bientôt les lis, qui chaque jour abritent l'urne sacrée où dort le doux saint, sont remplacés par d'autres lis d'une plus grande fraîcheur, l'autel du bienheureux ne supportant pas d'autre ornement que cette simple et douce fleur dont la vue console et repose si délicieusement l'âme en faisant penser aux ineffables joies de la pureté, dont elle est la touchante image. Peu à peu des cierges s'allument autour du tombeau, et font doucement étinceler les cœurs d'or et les ex-voto d'argent enrichis de pierreries, dont les murs sont tapissés. Les marbres ont disparu sous de gracieuses tentures, et l'église de Saint-André, toute couverte de richesses, prend un aspect splendide et très brillant.

La chambre où le bienheureux expira est aussi décorée avec goût. On a eu soin d'entourer de candélabres, de lumières et de fleurs, le lit de marbre où repose avec tant de douceur la statue si expressive de Stanislas. Une auréole d'or rayonne autour de sa tête : il a dans la main une image de la sainte Vierge, beaucoup plus belle que celle qu'on lui voit les jours ordinaires. Cette image sacrée est enchâssée dans l'or et les pierreries. Malgré la richesse des détails, l'ensemble de l'ornementation a un caractère simple et doux : la magnificence n'éclate qu'au degré qu'il faut pour produire un effet suave et touchant, plutôt que grandiose et majestueux.

L'heure des premières vêpres est à peine arrivée que déjà les rues voisines de celle du Quirinal sont encombrées. Les enfants des différentes institutions arrivent avec leurs costumes si variés, les jeunes orphelins du séminaire Pie avec leurs soutanes blanches ; d'autres enfants appartenant à divers colléges, en soutanes de couleur noire ou violette, les élèves du collège Germanique en soutane rouge, ceux de la Propagande avec leurs robes noires et leurs ceintures rouges, les élèves du collège Noble, les étudiants du collége Romain, ceux des différents séminaires. Il est intéressant de voir cette jeunesse si nombreuse, sous tant de costumes divers, et qui se compose d'enfants et de jeunes gens venus de toutes les parties du monde, se presser, dans un recueillement profond, auprès du tombeau du jeune saint polonais. Quand ils ont terminé leur prière, les pieux élèves montent à la chambre du bienheureux. Ils se mettent un instant à genoux autour du lit de saint Stanislas, puis vont chacun à leur tour vénérer la statue du saint.

Rome tout entière se transporte ainsi dans ce sanctuaire pour rendre ce pieux honneur au saint de la Pologne; et, la veille de la fête aussi bien que le jour, la chambre est toujours remplie Vous y trouvez des hommes de toute nation et de tout âge, Rome étant le rendez-vous de l'univers. Ainsi, le doux saint, dans la chambre où il expira, est invoqué en ce jour par toutes les langues qui se parlent sur la terre: et, comme chez tous les peuples l'amour s'exprime de même, après avoir, chacun dans son idiome, prié l'aimable saint, on est heureux de venir couvrir de baisers et de larmes les pieds sacrés de l'angélique Stanislas.

Les femmes n'ont pas la consolation d'être admises dans la chambre de saint Stanislas. Elles lui offrent leurs pieuses prières près de sa tombe.

On n'a pas de peine à comprendre la ferveur de leurs supplications, ni la douceur de leurs larmes en pareil lieu. Les mères ont dans leurs cœurs des recommandations si touchantes à faire à saint Stanislas, elles que le souvenir de leurs enfants ne quitte jamais, et qui sentent si profondément le besoin qu'elles ont d'être aidées dans les tendres soins qu'elles donnent à l'âme de ces enfants bien-aimés. Les jeunes personnes à qui Dieu inspire un amour exquis pour la vertu des anges, ont aussi des instantes prières à faire à l'aimable saint. On explique facilement, mais non sans émotion, cet empressement de tant de femmes auprès du tombeau.

Tandis que des prières si ferventes sortent des âmes, des messes se disent sans interruption à tous les autels de l'église, où vous avez de la peine à pénétrer à cause de la foule. Quand vous avez trouvé une place ponr vous mettre à genoux, vous êtes bientôt obligé de vous relever pour donner passage à ceux qui vont à la sainte table ou qui en reviennent. A la messe solennelle, chantée par un évêque ou un cardinal la plus délicieuse musique se fait entendre. Tout ce qu'on peut trouver de plus gracieux et de plus doux est exécuté. Nous nous rappelons un passage dont les notes étaient si fraîches et si pures en tombant, qu'on les eût prises pour une pluie de fleurs. Rien ne pouvait être plus en harmonie avec la suavité de la fête.

Celui qui parcourt l'Italie, voit avec consolation la piété envers saint Stanislas conservée dans tout son éclat. L'angélique saint en ce pays est partout l'objet du plus tendre amour. A Naples, toute la jeunesse implore son secours, afin que cet ange aimable la conserve pure et toujours digne de l'amour de Dieu. Parmi les nombreuses associations de jeunes gens qui viennent s'abriter sous le lis de sa pureté, la congrégation dell'Avocato se fait distinguer chaque année par la pompe avec laquelle elle célèbre la fête de son bien-aimé protecteur. Ceux qui font partie de cette congrégation passent en prières les trois jours qui précèdent la solennité de leur saint patron. Pendant ce temps, de pieuses et douces larmes coulent de tous les yeux au récit que ont les prédicateurs des suaves vertus du jeune héros. Le jour de la fête met le comble à l'allégresse, et on ne voit pas sans un vif sentiment de bonheur cette jeunesse émue qui se recommande avec amour et se consacre à un saint qu'elle croit si capable de veiller sur elle et de protéger sa vertu contre les attaques du monde et du démon.

Ainsi à Naples, dans tous les couvents, dans toutes les maisons d'éducation, saint Stanislas est célèbre; on l'invoque solennellement comme patron très spécial de la pureté. On trouve là de belles statues et des images très expressives du bienheureux. La paroisse de Saint-Janvier le vénère avec une grande dévotion, ainsi que celle du Rito. Au reste, le diocèse de Naples tout entier est très dévoué à saint Stanislas. A Torre del Grego, à Portici, à Sainte-Croix, on trouve sa statue, et la piété est heureuse de voir comme là, on le prie, et de comtempler avec quel enthousiasme, quand le jour de sa fête arrive, le peuple se porte à l'église pour la célébrer dans les transrts d'une sainte joie.

Après Naples, le diocèse de Sessa tient le premier rang pour sa dévotion envers saint Stanislas. Dans plusieurs lieux du diocèse, son image est l'objet d'une grande vénération. Invoqué là pour les besoins de l'âme, le bienheureux ne laisse pas, dans sa bonté, de venir en aide à ceux qui lui demandent des grâces temporelles. Et c'est sa facilité à exaucer toujours les prières qui a porté les habitants à avoir recours à lui solennellement, toutes les fois qu'ils sont affligés par quelque malheur.

A Carano, on voit un magnifique autel, élevé à saint Stanislas ; des ornements de marbre en forme de guirlandes et de fleurs en rehaussent l'éclat, et accompagnent gracieusement la statue de la sainte Vierge placée sur cet autel. Le père Salvatore Pascal fait ici cette réflexion : « Grâce a la dévotion du peuple envers le bienheureux, la piété à l'égard de Marie très sainte s'est tellement accrue qu'on a voulu voir la Vierge sacrée à côté de son angélique fils Stanislas. » Et il ajoute ces paroles qui, assurément, sont de nature à plaire beaucoup aux cœurs pieux : « C'est une chose reconnue, que la dévotion envers saint Stanislas produit nécessairement la piété envers la sainte Vierge que l'angélique jeune homme aima tant. »

Il nous faudrait de longues pages pour décrire tous les sanctuaires que l'Italie a dédiés à saint Stanislas. Contentons-nous de nommer quelques villes où fleurit davantage cette précieuse dévotion : Liveri, Cicciano, dans le diocèse de Nole; Frasso, Arienzo, dans le diocèse de Sainte-Agathe-des-Goths; Casola, dans le diocèse de Caserta.

A Avellino, dans l'église di Santa-Maria-Coronata di Constantinopoli, on vénère aussi la statue de saint Stanislas; l'autel du bienheureux est très riche, et à chaque instant la foule l'entoure. Nommons encore Parolisi, Candida et San Polito. Capoue, Macerata, Forio, Casamicciola. Serrara, méritent aussi une mention spéciale Enfin, pour terminer cette énumération, qui ne sera pas sans intérêt pour celui que la gloire du bienheureux touche et console, inscrivons au nombre des provinces d'Italie dévouées à saint Stanislas, la Calabre et la Pouille. Assurément ce beau pays d'Italie qui doit sans doute à l'influence du Pontife romain, autour duquel il est groupé, la conservation de sa foi, ne pouvait se montrer indifférent pour le culte d'un saint à qui Dieu a visiblement donné une mission sur la terre, et qui se recommande, par la suavité de ses vertus, à la sympathie de quiconque a dans le cœur le saint amour des choses élevées, nobles et pures.

ÉPILOGUE

Le culte de saint Stanislas Kostka en France pourrait avoir son histoire. L'angélique enfant n'a pas laissé dans notre pays l'empreinte de ses pas, comme en Pologne, en Allemagne, en Italie ; mais ses vertus étaient de nature à émouvoir profondément une nation dont le cœur, quoi qu'on en dise, n'a jamais cessé de battre au contact de ce qui est exquis, généreux, noble, héroïque.

Il y a vingt ans, nous étions obligé de constater ce fait : « Dans notre patrie le nom de saint Stanislas n'a pas cette popularité dont il jouit en d'autres pays. » Et nous en donnions aussitôt le motif : « L'attention de la France, si sympathique à tous les genres de beauté et de grandeur, n'a peut-être pas été suffisamment appelée sur cet enfant, qu'une gloire si pure et si douce décore. Quelques pages écrites dans notre langue à la suite de la vie de saint Louis de Gonzague, par le père d'Orléans, ne pouvaient pas mettre assez en relief cette vie admirable. Le père Pouget le comprit, et, en traduisant Bartoli, il accomplit une œuvre précieuse qui devra ouvrir tôt ou tard à saint Stanislas le chemin des cœurs. Au reste, le mouvement semble donné, et la France aujourd'hui s'étonne de n'avoir pas connu plus tôt ce jeune Polonais, enfant et ange à la fois, auquel elle eût été si heureuse de prodiguer les trésors d'admiration et d'amour qu'elle possède dans son cœur, et qu'elle ne refuse, le monde entier le sait, à rien de ce qui est grand sur la terre. »

Saint Stanislas maintenant possède dans une large mesure la sympathie de la France. Non pas précisément que nous ayons vu durant ces vingt années bien des temples se construire à sa gloire, bien des autels s'élever en son honneur, bien des ex-voto et des fleurs décorer ses images ; mais ses médailles, ses statues relativement rares autrefois, se sont multipliées d'une manière étonnante ; et nous ne sachons pas qu'il existe un seul toit abritant un groupe quelque petit qu'il soit d'adolescents élevés chrétiennement, où saint Stanislas à présent n'ait sa place, où sa vie ne soit lue avec délices, où son nom ne soit invoqué avec émotion, avec espérance.

Il n'est presque plus d'enfants, de jeunes gens, de jeunes filles qui ne connaissent pas notre aimable saint. Inutile de dire que dans les séminaires on le prie avec ferveur ; cela est dans la nature même des choses, car on sent que cet ange d'innocence est admirablement fait pour garder la vertu si fragile et si délicate de l'enfance de ceux qui, pour monter un jour à l'autel, ont tant besoin d'avoir un cœur sans tache et des mains pures.

Ainsi donc, à l'heure qu'il est, en France, tous les jeunes gens qui savent apprécier la beauté de l'innocence, aussi bien que ceux qui ont la garde de cet incomparable trésor, se réfugient aux pieds de saint Stanislas. Pour nous qui comprenons les alarmes que cette couronne de pureté, toujours prête à tomber du front de l'adolescent, cause à celui qui la porte et qui a conscience de son bonheur, aussi bien que les délicates et cruelles angoisses qu'éprouvent à chaque instant ceux qui sont chargés de veiller sur cette fleur candide que le moindre souffle ternit, nous constatons avec une joie immense la tendre confiance et le fervent empressement avec lequel on a recours à notre ange de vertu.

Saint Stanislas! N'est-il pas vrai qu'il nous est devenu encore plus cher depuis que nous portons le deuil de ses frères, glorieux proscrits à cause du nom de Jésus? Il nous est devenu plus cher surtout, depuis qu'un malheur immense a frappé les enfants français, et que le doux saint, dont c'est la mission de protéger l'innocence, ne peut, hélas! sur beaucoup exercer qu'à distance son influence si salutaire. O saint Stanislas! Quelle occasion de montrer à mon pays ce cœur qu'il nous a été donné tant de fois d'admirer en vous, depuis que vous êtes au ciel! Si toute la jeunesse française dans un élan spontané tombait à vos pieds; si elle poussait vers vous un cri unanime de détresse, vous demandant de lui conserver à tout prix la foi, l'innocence, oh! dites, feriez-vous quelque chose pour elle? A l'avance, je réponds qu'à cet appel touchant vous seriez ému; et je me trompe bien si vous ne faisiez pas triompher une cause si chère à Dieu, à Marie et à vous.

Je ne demanderai pas à la jeunesse de mon pays d'élever ainsi vers saint Stanislas, dans un ensemble imposant, ses mains suppliantes; il me convient mieux de la laisser aux inspirations de son cœur. Mais je ne sortirai pas du cercle de mon humble tâche, en la félicitant, cette noble jeunesse, l'espérance vive de notre patrie, de ce que frappée du coup fatal dont la conséquence est de lui faire perdre Dieu, saint Stanislas, que déjà elle aimait, lui est devenu plus cher.

C'est pourquoi, un jour, grâce à lui et à d'autres intercessions puissantes, l'épreuve cruelle aura son terme. On saura alors que, à l'exemple du cardinal de Rohan, des évêques, des esprits élevés, des ommes. des femmes illustres, des princes, des princesses portant les plus grands noms, par je ne sais quel pressentiment du malheur qui allait frapper nos enfants, ont pensé, en ces dix dernières années, à demander humblement au Saint-Siège pour saint Stanislas une gloire de plus : celle de partager avec saint Louis de Gonzague le titre de patron de la jeunesse ; et on applaudira à cette inspiration, pour la couronner peut-être alors, et pour proclamer que la France et le monde, priant saint Stanislas Kostka pour la jeunesse, ont été exaucés !

Nous ne voudrions pas clore ce livre, sans saluer la Pologne, qui nous a donné saint Stanislas. Nous la cherchons, et nous ne la trouvons plus que dans son histoire, et dans ses nobles enfants actuellement vivants et toujours Polonais par le cœur, par l'idiome, par la foi, mais, à qui l'on a pris leur patrie ! Noble peuple ! je t'ai salué, au moment de ta douloureuse agonie, et je disais de toi : « Un peuple ardemment jaloux de sa nationalité, profondément attaché à la religion catholique, et remplissant depuis des siècles un rôle providentiel, vient de disparaître de dessus la terre. Le sacrifice de sa nationalité, de sa foi et de sa vocation, lui coûta plus cher que celui de sa vie : l'Europe l'a vu marcher au martyre. » Et me tournant vers Dieu, je lui disais :

« Seigneur tout-puissant, nous avons foi à votre Providence ; l'amour de la patrie, l'amour de la religion sont des sentiments sacrés que vous n'avez pas créés pour les laisser anéantir par les méchants. Un peuple pourra périr en défendant ces grandes choses, et ce sera son éternel honneur ; mais l'amour de la patrie et de la religion restera toujours. »

Par l'amour de la patrie et de la religion, noble peuple, tu vis encore ; c'est dans cet amour que je te retrouve et te salue, en t'envoyant le nom de saint Stanislas !

FIN

TABLE

Pages.

Chapitre Ier. — Comment on s'empressa d'écrire la vie de saint Stanislas, et comment la renommée de l'angélique jeune homme se répandit bientôt dans le monde entier. . 5

Chapitre II. — Comment saint Stanislas arrivé au ciel, prie pour sa mère, convertit Paul son frère ; enfin, comment il apparaît à Bilinski, mourant. 13

Chapitre III. — Comment le corps virginal de saint Stanislas fut trouvé sans corruption au bout de trois années. 37

Pages.

Chapitre IV. — Comment le corps de saint Stanislas fut transféré dans la chapelle domestique, et comment des dons précieux furent envoyés à son tombeau. 43

Chapitre V. — Comment le culte de saint Stanislas commença à être autorisé dans l'église de Dieu. 53

Chapitre VI. — Comment la ville de Rome combla d'honneurs saint Stanislas quand le pape eut permis de l'invoquer solennellement. 63

Chapitre VII. — Comment la Pologne célébra des fêtes brillantes lorsque le Saint-Siège autorisa le culte de saint Stanislas dans toute l'étendue du noble-pays. 71

Chapitre VIII. — Comment la Pologne et l'Italie sollicitèrent la canonisation de saint Stanislas. 81

Chapitre IX. — Récit de quelques miracles touchants opérés par saint Stanislas. . . 87

Chapitre X. — Comment saint Stanislas sauva la Pologne à la journée de Chocim. 101

Chapitre XI. — Comment plusieurs images de saint Stanislas répandirent des larmes et comment on vit à différentes reprises ces

Pages.

mêmes images changer de couleur et d'expression. 111

CHAPITRE XII. — Comment des ex-voto nombreux attestaient le crédit de saint Stanislas auprès de Dieu. 127

CHAPITRE XIII. — Comment on commença des enquêtes juridiques sur les nouveaux miracles de saint Stanislas pour sa canonisation. 143

CHAPITRE XIV. — Avec quelle piété on vénérait en Pologne l'image de saint Stanislas, et comment Dieu accomplit par elle de beaux prodiges. 161

CHAPITRE XV. — Du prodige qui eut lieu à l'ouverture des enquêtes juridiques à Caliz, et de quelques miracles qui s'y trouvent relatés 171

CHAPITRE XVI. — Comment saint Stanislas préserva de la peste le bourg de Piaski, et comment il ressuscita un enfant. 181

CHAPITRE XVII. — Comment saint Stanislas vint au secours de Prémislie, assiégée par les Cosaques. 193

CHAPITRE XVIII. — Comment les plus illustres cités de la Pologne viennent rendre témoignage à la puissance et à la bonté de saint Stanislas 198

Pages.

Chapitre XIX. — Miracles des fleurs de saint Stanislas 208

Chapitre XX. — Comment saint Stanislas guérissait avec une tendre bonté toutes les maladies de l'âme 219

Chapitre XXI. — Comment saint Stanislas est proclamé patron de la Pologne. . . . 231

Chapitre XXII. — Comment saint Stanislas sauva encore une fois la Pologne 243

Chapitre XXIII. — Comment saint Stanislas fut canonisé avec saint Louis de Gonzague. 251

Chapitre XXIV. — Bulle de Canonisation de saint Stanislas 271

Chapitre XXV. — Du magnifique tombeau dans lequel saint Stanislas repose, et des autres lieux qu'il a sanctifiés par sa présence 297

Chapitre XXVI. — De la maison où saint Stanislas fût communié de la main d'un ange, et reçut la visite de la sainte Vierge, à Vienne 309

Chapitre XXVII. — Comment les reliques de saint Stanislas ont été conservées intactes jusqu'à nos jours 317

Chapitre XXVIII. — Comment saint Stanislas est honoré dans toute l'Italie . . . 329

Épilogue 341

5631. — Tours, impr. Rouillé-Ladevèze.

www.ingramcontent.com/pod-product-compliance
Ingram Content Group UK Ltd.
Pitfield, Milton Keynes, MK11 3LW, UK
UKHW022049260726
13993UKWH00001B/13

9 782019 959012